AF453346

L'Orpheline

de Waterloo

9ᵉ série

TOUS DROITS RÉSERVÉS

Frédéric SOULIE

L'Orpheline
de
Waterloo

11 ILLUSTRATIONS
de COURTOT

PARIS
LIBRAIRIE GEDALGE
75, RUE DES SAINTS-PÈRES, 75

L'Orpheline de Waterloo

Enfants, il y a des sentiments qui vous sont inconnus et qu'il faut vous apprendre. Car on peut dire de ceux-là qu'ils ne nous viennent pas tout de suite au cœur, comme ceux d'amour pour vos parents; ils sont plus réfléchis, ils résultent de l'éducation, et cependant ils n'en sont pas moins sacrés. Autour de vous, enfants, il y a votre famille à laquelle vous devez votre affection, dont vous devez chérir l'honneur, parce qu'il est le vôtre, et à qui vous devez compte de votre honneur, parce qu'il est le sien. Au delà de cette première famille, il y en a une autre plus vaste, plus innombrable, et qui a sur vous des droits non moins puissants. Celle-là, c'est la nation; pour nous, enfants, c'est la France. Jeunes que vous êtes, vous ne comprenez pas par quelle réciprocité merveilleuse cette affection est utile autant qu'honorable. Ne vous est-il jamais arrivé, lorsque vous êtes sortis de votre famille, d'entendre dire : « Cet enfant est le fils de M. un tel »; et parce que le nom de votre père est respecté, n'avez-vous pas remarqué

que vous avez trouvé quelque chose de plus bienveillant dans l'accueil qu'on vous a fait, et n'avezvous pas senti en vous-mêmes qu'il était bien de
garder par votre bonne conduite le respect de tous
au nom que vous portez et qui vous protège? Eh
bien ! enfants, à côté du nom de votre père, il y en
a un autre aussi saint, c'est celui de Français; un
nom de famille aussi, à la considération duquel vous
devez votre vie, et qui vous rendra votre dévouement
par une noble protection. Oh ! mes enfants, il a été
un temps où cette protection a été magnifique, un
temps où votre père était encore un jeune homme,
et qui cependant ressemble à un conte de fée des
vieilles époques du monde. Alors, voyez-vous, quand
un Français passait dans une ville d'Europe, on le
saluait. En ce temps, voyez-vous, un homme seul
au milieu d'étrangers furieux et ennemis passait tranquillement; car en disant : « Je suis Français », il voulait
dire en un seul mot : « La grande nation me suit de ses
regards de mère, et si vous insultez ma mère en la
personne de l'un de ses enfants, elle se lèvera avec son
grand empereur, sa grande armée et son aigle, et
viendra corriger tout un peuple pour venger l'honneur
de l'un de ses fils. »

Rome une fois, la nouvelle Rome, méprisa cet avis,
et sa populace furieuse assassina un général français,
le brave Duphot. Un mois après, Rome était prisonnière dans les filets de nos soldats, et ses magistrats,
ses évêques et ses cardinaux, à genoux sur la tombe
de Duphot, demandaient pardon à la France de leur
crime. Cette fois elle ne put que protéger la mémoire
du brave général; mais combien de fois cette terrible

leçon arrêta les projets coupables qui se tramaient contre les Français isolés ! On savait qu'il en était entré un dans un royaume étranger, et tout le royaume devait compte de cet homme à la France ; il fallait qu'on le lui rendît quand elle le réclamait, et qu'on le lui rendît sans qu'il eût à se plaindre d'aucune injure.

Vous n'avez pas vu ce beau temps, enfants ; mais aussi vous n'avez pas vu celui où la France, battue par la réunion de tous les rois et de tous les peuples de l'Europe, a subi le malheur d'une conquête. Si jeunes que vous eussiez été, cela vous eût déchiré le cœur. Comprenez-vous qu'un soldat insolent entre dans votre maison, prenne avec effronterie la meilleure place au foyer ; qu'il en écarte avec brutalité votre mère qui est malade, et réponde par un coup de sabre à votre père qui veut la défendre ! Nous avons vu cela, nous autres, enfants, nous en avons pleuré ; et si l'on s'étonne quelquefois que, jeunes encore, nous soyons si graves et si tristes, c'est que nous vivons depuis vingt ans avec un affront dans le cœur, un soufflet sur la joue, dont nous n'avons pas obtenu réparation. Nous avons vu cela deux fois, et c'était si épouvantable, qu'après avoir subi ce désespoir en 1814, nous avons tous crié en 1815, enfants que nous étions : Donnez-nous des fusils ! Croyez-moi, enfants, nous serions morts pour sauver nos mères et nos sœurs, si on eût voulu nous laisser mourir. On nous le défendit, et sans doute on sauva à la France un désespoir de plus ; car la destinée semblait avoir marqué l'heure de notre humiliation.

Dites-moi, enfants, n'y a-t-il pas un grand nom qui tourne autour de vous comme un bruit triste et fâcheux? N'entendez-vous pas prononcer souvent le mot de Waterloo, et n'arrive-t-il pas qu'alors des éclairs de colère et de désespoir brillent dans les yeux de ceux qui vous entourent? Cela ne vous étonne-t-il pas que ce mot blesse le cœur de ceux qui le prononcent et de ceux qui l'entendent, comme lorsqu'on parle du jour où est mort l'enfant qu'on aime ou le père qui nous chérit? C'est que ce jour, enfants, ce jour de Waterloo, fut celui où la France, notre mère commune, fut jetée à genoux devant l'Europe et foulée aux pieds par ses soldats.

Je ne veux point vous faire l'histoire de cette bataille; il faudrait vous raconter toute notre gloire pour vous faire comprendre tout notre malheur. Et puis, il faudrait prononcer devant vous des mots que vous apprendrez plus tard; il faudrait parler de trahison; il faudrait vous apprendre qu'il y a des enfants qui ont battu leur mère. Oh! ne le sachez jamais, ne le voyez jamais; enfants, notre avenir, notre espoir, jurez que cela n'arrivera plus.

Cependant je vous en dirai ce qu'il faut que vous en sachiez, ce qui est nécessaire à l'intelligence de cette histoire, comme j'ai dû vous expliquer ce que c'est que l'amour de la patrie, pour que vous en compreniez le dévouement. Laissez-moi, pour vous le raconter, me servir d'un récit qui m'a brisé le cœur, à moi, quand je l'ai entendu, et auquel je ne rendrai, certes, ni l'accueil ni la douleur profonde qu'il avait alors.

C'était au boulevard du Temple, dans une petite baraque en bois comme il n'en existe plus; on y avait exposé un plan en relief de la bataille de Waterloo. Un plan en relief est une image en petit d'un pays, comme seraient vos joujoux de petites maisons et de petits soldats, si vous les disposiez comme une ville connue et comme l'a été une armée.

J'entrai dans cette baraque avec un ami. Un vieux soldat qui tenait, de la seule main qui lui restait, une petite badine, montrait et expliquait les mouvements de la bataille : là, les Français; ici, la vieille garde; sur cette hauteur, Napoléon; là-bas, les Anglais; plus loin, les Prussiens. A chaque mouvement qu'il nous faisait passer sous les yeux, le vieux soldat disait d'une voix solennelle : — A midi, la bataille était gagnée. Il continuait, nous montrait comment le génie de Napoléon avait conduit ses soldats, et répétait : — A deux heures, la bataille était gagnée. Il suivait son récit, et reprenait : — A quatre heures, la bataille était gagnée. Il s'oubliait alors et, continuant à nous expliquer les mouvements acharnés du combat, il redisait encore : — A six heures, la bataille était gagnée. Puis, au bout de l'horizon, il nous montrait une nouvelle armée accourant sur le champ de bataille. Ce devait être les Français. L'empereur les attendait; l'armée les accueillit avec des cris de joie. C'étaient trente mille Prussiens. Une armée de plus à combattre après douze heures de combat ! — A sept heures, la bataille était perdue. C'était le dernier mot du vieux soldat à qui la voix manquait alors pour nous raconter comment Napoléon se jeta furieux et désespéré dans les rangs ennemis pour y mourir, et comment il ne le put pas; comment cette vieille garde impériale, à qui les Anglais demandaient à se rendre, répondit par la voix de son intrépide général Cambronne : *La garde meurt, et ne se rend pas!*

Or, enfants, il y avait dans cette vieille garde impériale un soldat qui s'appelait Louis Beuchaud. Ce soldat avait un enfant, une petite fille, qui, avec sa mère, suivait le régiment : la mère Beuchaud était vivandière. Quand la bataille commença, elle alla, comme c'était sa coutume, se placer derrière son régiment, pour donner par-ci par-là un verre d'eau-de-vie aux blessés. Quand le soir fut venu, Louise, c'était le nom de l'enfant, ne vit point revenir sa mère; elle ne vit point son père. Tout fuyait autour d'elle, et Louise demeura seule jusqu'au milieu de la nuit, dans une cabane où on l'avait laissée. Alors, ne sachant que faire, elle se décida à aller chercher son père et sa mère. Elle alla les chercher où elle avait coutume de les trouver, sur le champ de bataille, se réjouissant et criant : Vive l'empereur! Ce n'était pas ainsi qu'elle devait les y retrouver. Vous avez déjà sans doute appris combien l'habitude de voir souvent la même chose en détruit l'effet. Ainsi, il ne faut pas vous étonner si cette petite fille de huit ans s'avança sans crainte parmi ces champs couverts de cadavres et labourés de boulets. Mais ce à quoi elle n'était pas accoutumée, c'était à ce silence morne et lugubre qui régnait sur la plaine; ce qui ne lui était jamais arrivé, c'était de n'avoir pas rencontré quelques soldats français à qui demander où était bivouaquée la garde impériale. Louise allait donc devant elle, trébuchant çà et là sur des corps morts qui étaient épars sur la terre. De temps en temps elle voyait bien quelques groupes de soldats passer près d'elle; mais, à la lueur de la lune, elle voyait

— Je cherche mon père, dit Louise (p. 15).

reluire leurs habits rouges comme du sang, et elle savait que c'étaient des ennemis. Elle se blottissait alors
contre un mort ou dans un creux de fossé, et les laissait passer, puis elle poursuivait sa route. Enfin, elle
arriva à un endroit où les corps étaient serrés comme
dans une ligne de bataille, et une pensée funeste lui
vint, c'est que son père était peut-être parmi tous ces
cadavres. Enfant, elle lui avait très souvent entendu
dire dans ses moments de gaieté, que la mort l'avait
trouvé trop dur pour l'avaler; elle l'avait vu si souvent revenir sain et sauf de terribles combats, que
l'idée que son père pouvait mourir semblait impossible. Mais à ce moment elle vit bien que c'était une
bataille qui n'était pas comme les autres. Où étaient
les bivouacs avec leurs feux flamboyants et leurs chants
de victoire? Rien que la nuit, le silence et des morts !

Alors, elle qui n'avait point tremblé de rencontrer
des milliers de soldats couchés par terre, se prit à
frémir à l'idée de voir son père pâle comme des cadavres qu'elle avait vus, les yeux fermés, froid et
raide comme eux, et elle tomba à genoux en criant :

— Mon père, mon père, répondez-moi ! mon père !
Un long soupir la fit tressaillir, et du milieu de ces
cadavres un corps se souleva, et d'une voix dure,
mais abattue, lui demanda : Que cherches-tu?

— Je cherche mon père, dit Louise, qui reconnut
l'uniforme du grenadier, mon père, Louis Beuchaud,
et ma mère, la mère Beuchaud.

— Ah ! fit le soldat qui se soutenait sur son coude,
Beuchaud, le premier grenadier de la première...
Cherche par ici, petite; c'est là qu'était le régiment,
tu le retrouveras, il n'en manque pas un.

Puis il retomba, et quand Louise lui parla encore, il ne répondit plus : il était mort. Alors cette enfant, le corps penché vers la terre, alla de cadavre en cadavre, s'agenouillant près d'eux, et soulevant leur tête pour les regarder à la faible clarté de la lune. Ce fut bien long et bien horrible que cette épouvantable revue de tous ces vieux soldats, passée par cette enfant qui s'essuyait les yeux pour mieux voir; car ses larmes la gênaient et lui troublaient la vue. Enfin elle arrive à celui qu'elle cherchait. Si elle avait réfléchi, elle qui savait l'ordre d'un régiment, elle l'aurait trouvé tout de suite, le premier de la compagnie, tombé à son rang comme les autres, mais elle ne savait plus ce qu'elle faisait; elle regardait ces morts sans comprendre que son père n'avait plus rien à lui dire, et quand elle arriva à son père, elle souleva sa tête et lui cria ·

— Ah! c'est vous, mon père!

La tête retomba sur la terre, et Louise demeura à genoux, froide, immobile, sans parole, regardant son père, qu'elle secouait machinalement. Alors se formait dans sa tête l'idée du malheur de cette journée; toute la garde était là, morte autour d'elle; plus loin sans doute toute l'armée. Cette pensée la confondait; elle était plus grande qu'elle, elle aurait brisé sa pauvre petite tête, si elle n'en eût été détournée par un nouvel incident.

Des maraudeurs, des misérables, semblables aux corbeaux qui viennent sur les champs de bataille pour dévorer les morts, parcouraient la plaine de Waterloo pour les dépouiller de leurs habits, comme les corbeaux de leur chair. Ils aperçurent cette enfant et l'entourèrent. Elle voulut s'échapper; mais ils l'eurent bientôt attrapée, et l'un d'eux, l'ayant attachée, la plaça sur un cheval et l'emmena avec lui. C'était une espèce de mendiant anglais, qui suivait l'armée pour ramasser les dépouilles des morts. Louise le suivit longtemps de village en village, pendant qu'il vendait les croix, les épaulettes d'or et d'argent qu'il avait ramassées. Elle subissait alors un malheur qu'elle croyait affreux. Elle ne savait point l'anglais; son maître, car elle lui appartenait presque, ne savait pas non plus le français, et c'était en la battant qu'il s'en faisait obéir. La pauvre Louise ne se doutait pas qu'un plus affreux malheur l'attendait encore. Lorsque cet homme, qui s'appelle Swith, eut fini les affaires de son odieux commerce, il se trouva avoir assez d'argent, il s'embarqua à Anvers pour retourner en Angleterre, où il emmena Louise. Celle-ci ne pouvait comprendre pourquoi cet homme la gardait si soigneusement; elle ne savait pas par quel horrible calcul il avait prévu le parti qu'il voulait en tirer. Cet homme avait cette épouvantable prévoyance du vice, qui sait le jour où il retombera dans la misère, et qui se prépare des moyens d'y subvenir, sans pour cela se corriger du vice qui doit l'y conduire.

Ainsi cet homme arriva à Londres avec une assez forte somme d'argent; mais il la dissipa dans les tavernes où il s'enivrait tous les jours, et au bout d'un an il ne lui restait plus rien. C'est alors que Louise apprit ce que Swith voulait faire d'elle. Il fit à Londres ce que beaucoup de mendiants font à Paris : il profita de la pitié qu'inspire l'enfance pour la forcer à mendier le pain qu'il pouvait gagner en

travaillant. Mais, par un raffinement odieux, **il** apprit
à Louise une phrase anglaise dont elle ne comprenait
pas le sens, et qui voulait dire :

« Je suis la fille d'un soldat français tué à Waterloo :
bons Anglais, donnez-moi la charité. »

Et lorsqu'elle la sut bien, il la plaça au pied d'une
colonne monumentale érigée dans la ville et, assis
dans un coin de la place, il la surveillait et la menaçait
de l'œil pour qu'elle répétât continuellement la même
phrase.

Cette colonne, enfants, c'est celle que les Anglais
ont élevée en commémoration de leur victoire de
Waterloo. Nous n'avons pas craint de vous la nommer, et si les Anglais s'étonnaient de notre impartia-
lité, nous vous nommerions aussi leur place de Waterloo, leur pont de Waterloo, leur square de Waterloo,
partout ce seul nom de Waterloo écrit sur leurs monu-
ments de triomphe, car ils n'ont que celui-là, et ils
savent à quel prix ils l'ont acheté; ils savent qu'il a
fallu toute l'Europe pour leur donner ce trophée.
Tandis que nous, enfants, nous n'avons pas assez **de**
place dans notre grande ville de Paris, pour écrire
au front de nos édifices ou au coin de nos rues le nom
de toutes nos victoires. Qu'ils se pavanent sur leur
place de Waterloo, sur leur pont de Waterloo, **ces**
fiers Anglais; il faut, quand ils viennent à Paris,
qu'ils passent sur nos ponts d'Iéna et d'Austerlitz,
dans nos rues de Rivoli, de Castiglione, du Mont-
Thabor, de Mondovi, des Pyramides et de Lodi; ils y
passent et se souviennent alors : et quand les rues
manquent aux victoires, il y a des maisons chez nous
qui s'appellent l'hôtel de Wagram, l'hôtel de Bel-

lune, le passage du Caire; et quand les maisons ne
disent pas tout, ils rencontrent des hommes qui s'appellent duc de Valmy, prince de la Moscowa, duc
de Dalmatie, comte de Lobau; et quand les hommes
manquent, les gravures pendues aux murs des mar-

Il la plaça au pied d'une colonne monumentale (p. 18).

chands leur crient : Eylau, Vienne, Moscou, Berlin,
Naples, Madrid, Rome; enfin, nous trouverions la
colonne, ce sublime résumé de notre histoire, écrit
avec le bronze des canons de dix peuples vaincus.
Qu'ils gardent leur Waterloo, cette victoire de trahison ! Ils l'écriraient encore dix fois sur les murs de leur
ville de Londres, qu'ils n'y trouveraient pas autant de

lettres que nous avons seulement conquis de capitales.

Mais vous devez comprendre ce qu'il y avait d'odieux à placer Louise au pied de cette colonne triomphale, monument de notre malheur, pour faire dire à cet enfant français : « Je suis la fille d'un soldat français tué à Waterloo : bons Anglais, donnez-moi la charité. »

La première fois qu'elle y alla, son accent étranger arrêta quelques passants, qui lui dirent de répéter, et lorsqu'ils eurent compris la phrase qu'elle répétait comme un perroquet, ils se mirent à rire, et lui tournèrent le dos. Mais un matelot ayant passé par là, trouva la chose drôle, s'arrêta et lui donna un penny, en lui faisant répéter la malheureuse phrase dont il riait comme un fou; et quelques personnes s'étant assemblées, on jeta une foule de pièces de monnaie à la mendiante française, par dérision, et comme s'ils avaient insulté dans cette petite enfant la gloire de la France humiliée au pied de cette colonne.

Louise voyait bien que ce n'était pas la pitié qu'on éprouve d'ordinaire pour les malheureux qui lui valait les abondantes aumônes qu'elle recevait tous les jours; car la petite mendiante de Waterloo était devenue presque une célébrité, et beaucoup de belles dames avaient fait arrêter leurs équipages devant elle, pour lui jeter quelques schellings. La pauvre enfant n'y comprenait rien; mais comme Swith la battait quand elle avait l'air triste, elle continuait à faire ce qu'il voulait. Un jour que quelques personnes étaient assemblées autour d'elle, un Français qui passait l'entendit, et lui dit avec colère :

— Va-t'en ! va-t'en, petite misérable !

Depuis bien longtemps, c'était le premier mot de français qu'elle entendît, et bien qu'il fût une injure, elle poussa un cri de joie et s'élança vers celui qui l'avait prononcé. Mais Swith se plaça entre elle et lui, et désignant le Français à la haine des gens du peuple qui s'étaient amassés, il cria :

— C'est un chien de Français qui vient nous insulter !

A ces mots, les menaces et les invectives accablèrent celui-ci, et ce ne fut qu'à grand'peine qu'il se tira des mains de quelques matelots qui ne parlaient pas moins que de le jeter à la Tamise.

La joie de voir et d'entendre un Français avait d'abord étourdi Louise ; mais lorsqu'elle fut seule, elle réfléchit à ce qu'il avait dit, et elle se rappela ces mots :

« Va-t'en, va-t'en, petite misérable ! »

Ce qu'elle faisait était donc mal. Elle en fut persuadée. Un homme qu'elle ne connaissait pas le lui avait dit ; mais cet homme était un Français. Et c'est dans de pareilles circonstances qu'on sent les liens de la grande famille ; un Français à l'étranger, c'est un ami, c'est un frère. C'était comme si un ami et un frère lui avait dit : Tu es une misérable ! Elle demeura désespérée.

Alors elle voulut savoir ce qu'elle disait, mais Swith se refusa d'abord à le lui expliquer. Mais quand elle lui déclara qu'elle ne retournerait pas sous la colonne, il la battit et la laissa sans nourriture. La faim et la douleur furent plus fortes que Louise ;

deux jours après, elle était au pied de la colonne, répétant d'un air sombre et désespéré :

« Je suis la fille d'un soldat tué à Waterloo : bons Anglais, donnez-moi la charité. »

Enfin, un jour qu'elle allait quitter sa place, où Swith ne l'avait pas accompagnée parce qu'il était malade, elle reconnut le Français qui lui avait parlé; elle le suivit des yeux, et quand elle fut assez loin pour que personne ne la remarquât, elle courut après lui, et l'arrêtant brusquement, elle lui dit :

— Monsieur, expliquez-moi ce que je dis.

Le Français la reconnut et se recula en la repoussant.

— Par grâce, dit-elle, monsieur, expliquez-moi ce que je dis.

Et elle lui dit sa phrase anglaise :

— *I am the daughter of a french soldier killed at Waterloo; good English give me charity.*

— Quoi ! lui dit le Français, vous ne comprenez pas ce que vous dites?

— Non, reprit-elle; on me l'a appris, et je le répète sans le comprendre, car mon maître me bat quand je ne le fais pas.

Le Français lui traduisit sa phrase. Louise demeura tout étonnée, elle ne comprenait pas encore ce qu'il y avait de honteux dans ce qu'elle faisait, et elle répondit :

— C'est vrai, je suis la fille d'un grenadier tué à Waterloo.

— Et vous demandez du pain à ceux qui ont tué votre père, et vous le demandez au pied de cette colonne, qui est comme sa tombe et celle de la France, et qu'on a élevée comme pour les mépriser.

Cette idée était encore bien grande pour Louise, mais elle en comprenait une partie; elle comprenait qu'elle demandait la charité à ceux qui avaient tué son père; et alors elle s'expliqua toutes ces risées moqueuses qui accompagnaient les aumônes qu'on lui donnait.

Elle allait suivre le Français, qui voulait l'emmener, lorsque l'implacable Swith arriva, il ne l'avait pas vue rentrer à l'heure qu'il lui avait prescrite, il avait soupçonné quelque chose; il s'était levé, s'était traîné jusque sur la place, et grâce à l'indication d'un marchand, il avait suivi la trace de Louise. Il l'arracha au Français en le menaçant d'ameuter le peuple contre lui, et celui-ci fut obligé de fuir devant les injures et les menaces qu'à cette époque la population anglaise prodiguait aisément à tous les Français.

Louise rentra chez Swith, et celui-ci la maltraita plus rudement que jamais. Cependant ces deux scènes renouvelées l'avertirent qu'on pourrait bien chercher à savoir quelle était cette enfant, et il ne l'envoya pas à la colonne pendant plusieurs jours. Mais s'étant couché, sérieusement malade, et ayant épuisé tout son argent, il lui ordonna un matin d'aller reprendre sa place et de recommencer à demander la charité. Louise répondit qu'elle n'irait pas. Swith pensa que c'était un moment de rébellion et la menaça; mais l'enfant lui répondit qu'elle ne bougerait pas de la chambre. A force d'habiter avec Swith qui parlait un peu français, Louise s'était habituée à l'entendre et elle avait même fini par comprendre les mots anglais qu'il mêlait à ses phrases; nous n'en donnerons que le sens, car elles seraient inintelligibles pour nos jeunes lecteurs.

— Veux-tu aller à la place demander la charité? disait Swith furieux et étendu sur son lit, d'où il ne pouvait se lever.

— Je n'irai pas, dit Louise.

— Sais-tu que je vais te battre, petite drôlesse?

— Battez-moi; non, je n'irai pas.

— Ah! tu n'iras pas! cria Swith, et s'emparant d'une écuelle qui était sur la table près de lui, il la lança à la tête de Louise, qu'elle effleura et écorcha profondément.

Le sang coula sur le visage de l'enfant, et Swith cria :

— Iras-tu, maintenant?

— Non, dit Louise, en essuyant le sang qui coulait sur son visage, je n'irai pas.

Puis s'approchant de lui, elle lui dit :

— Tenez, vous pouvez me tuer, mais je n'irai pas demander la charité à ceux qui ont tué mon père.

Swith la prit et il l'eût tuée s'il n'avait réfléchi qu'elle était sa dernière espérance. Il compta que le lendemain il en viendrait à bout, et la journée se passa, lui sur son lit, Louise dans un coin, la tête dans ses mains, ne pleurant pas. La nuit se passa de même. Le lendemain vint; Swith se souleva sur son lit, et dit à Louise :

— J'ai faim.

— Moi aussi, dit l'enfant.

— Eh bien, ma bonne Louise, va à la place demander la charité.

— Non, dit Louise, je n'irai pas.

— Mais je mourrai de faim sur ce grabat ! s'écria Swith.

— Eh bien, dit Louise, nous mourrons tous deux, car ni pour vous, ni pour moi, je n'irai m'asseoir au pied de la colonne de Waterloo.

—Battez-moi; non, je n'irai pas (p. 24).

— Misérable ! s'écria Swith, en se tordant sur son lit d'où il ne pouvait s'arracher.

Le jour se passa encore, et la nuit vint.

— Louise, dit Swith, haletant, je brûle; à boire.

L'enfant voulut se lever, mais elle retomba assise, tant elle était faible.

— Oh ! s'écria le moribond, maintenant tu voudrais bien y être allée !

— Non, dit Louise en défaillance et en tombant sur ses genoux, je n'irai pas.

Swith furieux fit un effort désespéré et sortit de son lit.

— Eh bien ! disait-il en rugissant, tu mourras puisque tu le veux ! J'ai faim, et...

Il n'acheva pas, mais l'horrible expression de sa figure, le rire hideux qui laissa voir la blancheur de ses dents, fit à Louise l'effet d'une bête féroce qui allait la dévorer. Elle se leva pour fuir, mais elle n'en eut pas la force; elle tomba, il tomba aussi, mais sans l'atteindre. Alors ce fut une horrible chose à voir, que cet homme horrible se traînant dans cette chambre pour attraper cette enfant qui se traînait aussi pour lui échapper, et à chaque effort, oubliant tous deux que la force leur manquait, l'un disait avec rage :

— Iras-tu ?

L'enfant répondait avec résolution :

— Non, je n'irai pas.

C'est que, dans cette jeune tête d'enfant, un long travail de réflexion s'était opéré. C'est qu'elle avait rassemblé tous ses souvenirs d'enfant, qu'elle s'était rappelé les larmes de son père à la première invasion des étrangers; c'est qu'elle avait donné un sens à ces mots qu'il prononçait alors avec désespoir : « Pauvre France ! pauvre armée ! » C'est qu'elle avait compris, sinon tout le malheur de son peuple, du moins qu'il avait à souffrir encore comme il avait souffert. Et lorsqu'il lui revenait en mémoire l'exé-

cration que son père lançait contre ceux qui avaient
accueilli les étrangers, elle pensait qu'il la maudirait
s'il vivait et qu'il sût ce qu'elle avait fait ; et l'hé-
roïque enfant se répétait à elle-même : « J'ai demandé
du pain à ceux qui ont tué mon père, j'ai servi d'amu-
sement à ceux qui ont tué mon père, à ceux qui ont
chassé son empereur et brûlé les villages où l'on
parle français. » Elle comprenait tout cela, et elle
aimait mieux mourir, mourir de faim ! le plus horrible supplice de ce monde. Et elle serait morte si le
Français qui l'avait rencontrée ne se fût adressé à
l'ambassade pour qu'on fît rechercher cette jeune
fille. Elle avait tellement fixé l'attention des gens
qui la voyaient passer tous les jours, qu'on découvrit facilement sa demeure, et on y entra au moment où elle se débattait entre les mains de Swith.
On la secourut, on la ramena à la vie, et ce fut d'elle
qu'on apprit cet héroïsme qui lui avait fait suppor-
ter les tortures de la faim et les approches de la mort,
plutôt que de faire une lâcheté contre son pays.

Enfants, ceci est beau comme de mourir pour son
pays sur le champ de bataille ; et ceci est vrai, car
Louise Beuchaud est aujourd'hui une grande et belle
jeune femme qui habite Meudon, au fils de laquelle
j'apprenais à lire cet été ; bel enfant, courageux
aussi, pour qui j'ai fait ce récit afin qu'il le lût à sa
mère, qui ne sait pas lire.

L'enfant des Grenadiers
de la Garde

L'Enfant des Grenadiers

de la Garde

———

Je me trouvais, un soir, chez l'un de nos plus célèbres généraux, et quoique ce ne fût pas un jour de réception, quelques personnes étaient venues lui faire visite. Nous étions assis autour du feu, et nous causions tout à fait intimement, lorsqu'on annonça M. Louis Jacquot; et nous vîmes entrer un jeune officier de marine de la tournure la plus distinguée. La singularité de son nom contrastait tellement avec l'élégance de ses manières et l'accueil que lui firent le général et sa femme fut si affectueux, que l'attention de tout le monde se porta sur lui. Ce mouvement amena un examen de sa personne qui lui fut en tout favorable. En effet, ce M. Jacquot était un beau jeune homme de vingt-deux ans tout au plus. Il avait ce teint brun qu'on gagne à la mer, l'œil noir et grand, et l'air franc et décidé d'un brave garçon. Ce qui n'était pas moins remarquable que sa personne, c'était sa toilette. Quoiqu'il soit difficile de faire grand étalage d'élégance avec un uniforme d'enseigne, cependant celui de M. Jacquot était si bien taillé et si étroitement agrafé, qu'il était impossible de ne pas s'en apercevoir. Il fallait que ce jeune officier eût en lui quelque chose de bien intéressant, car cette inspection qu'on fait d'une personne qui entre dans un salon se prolongea pour lui plus longtemps que cela n'arrive de coutume ; et par un hasard assez ordinaire, les regards de chacun s'arrêtèrent sur une partie de son costume tout à fait en désaccord avec le reste. En effet, à son chapeau d'un feutre noir et bien lustré que M. Jacquot tenait à la main, était attachée une vieille cocarde véritablement flétrie et crasseuse. Le général s'aperçut de cette observation, il la fit remarquer tout bas à sa femme, qui lui répondit par un doux sourire, et M. Jacquot, qui vit ce mouvement, devint rouge jusqu'au blanc des yeux. Ce n'était pas le rouge de la honte ni de la confusion qui monta au visage du jeune officier, mais celui d'un modeste embarras ; et le général, le voyant ainsi troublé, lui tendit la main en lui disant :

— Tu es un brave garçon, Louis.

La femme du général lui tendit aussi sa main que le jeune officier baisa avec une vive effusion de respect et de tendresse.

Cette petite scène nous avait tous intéressés, mais personne ne songeait à en demander l'explication. Cependant l'arrivée de ce jeune homme avait interrompu la conversation, et chacun semblait embarrassé de la reprendre, lorsqu'un vieil officier qui, toute la soirée, était demeuré assez silencieux, se lève tout à coup et dit d'une voix rude au général :

— C'est donc là votre Jacquot, mon général, et voilà la vraie cocarde !

Et sans attendre de réponse, il prit le chapeau des mains du jeune homme, et se mit à la considérer attentivement : on eût dit qu'il avait envie de l'embrasser, et une larme roula de son œil sur la moustache, pendant qu'il le regardait. Ce nouvel incident détermina la curiosité de chacun ; on se leva, on examina cette mystérieuse cocarde et quelques personnes s'étant approchées du général, elles lui demandèrent l'explication de tout cela.

— Ah ! dit-il, c'est une histoire assez simple.

— C'est une histoire magnifique ! reprit le vieil officier ; si madame la générale voulait la raconter à ces messieurs et à ces dames, je suis sûr que ça les ferait fondre en larmes.

On insista, le général consentit, le jeune officier se résigna à être ainsi mis en scène, et voici ce qui nous fut raconté :

— Lors de l'entrevue de Napoléon avec Alexandre, le premier de ces deux empereurs voulant montrer à l'autre les troupes qui l'avaient vaincu, une grande revue eut lieu. Napoléon parcourait avec complaisance les rangs de sa garde impériale, lorsqu'il s'arrête tout à coup devant un grenadier qui avait au visage une cicatrice qui partait du front et descendait jusqu'au milieu de la joue. Il le regarda un moment avec orgueil, et le désignant du doigt à l'empereur Alexandre :

« — Que pensez-vous, lui dit-il, des soldats qui peuvent résister à de pareilles blessures?

« — Que pensez-vous des soldats qui les ont

faites? » répondit Alexandre avec une heureuse présence d'esprit.

« — Ceux-là sont morts, » dit le vieux grenadier d'une voix grave, se mêlant par ce mot sublime à la conversation des deux plus puissants monarques du monde.

Alexandre, dont la question avait embarrassé Napoléon, se tourna alors vers lui et lui dit avec courtoisie :

« — Sire, vous êtes partout vainqueur.

« — C'est que la garde a donné, » répondit Napoléon en faisant un geste de remerciement à son grenadier.

Quelques jours après cette revue, Napoléon se promenait dans les quartiers de sa garde, pensant peut-être à la conquête de l'Espagne, ou peut-être au vieux grenadier qui l'avait tiré d'embarras, lorsqu'il l'aperçut assis sur une pierre, les jambes croisées l'une sur l'autre, et faisant danser sur son pied un petit marmot d'un an tout au plus. L'empereur s'arrêta devant lui. Mais le vieux soldat ne se leva pas de son siège, et lui dit seulement :

« — Pardon, Sire, mais si je me levais, Jacquot crierait comme un fifre du roi de Prusse, et ça contrarierait peut-être Votre Majesté.

« — C'est bien ! dit Napoléon. Tu t'appelles Jacques?

« — Oui, mon Empereur, Jacques. C'est de ça qu'on nomme le petit, Jacquot.

« — C'est ton fils?

« — Hum ! mon Empereur, sa mère était une brave cantinière à qui un coquin de houlan donna, il y a deux mois, un coup de sabre sur la nuque, pendant qu'elle versait une goutte d'eau-de-vie à un pauvre

ancien, son mari, qui venait d'avoir une jambe empor-
tée. Ça fait qu'elle est morte et que l'enfant est orphelin.

« — Et tu as adopté l'enfant? dit l'Empereur.

« — Moi et les autres. Nous l'avons trouvé dans le
sac de sa mère qui ne bougeait plus, rageant comme
un cavalier à pied, et l'estomac vide comme les coffres
du roi d'Espagne. L'ancien, qui soufflait encore un
peu, nous a conté comme quoi sa mère avait été tuée
au service de Votre Majesté. Alors nous avons tous
adopté le petit, et comme c'est moi qui l'avais aperçu
le premier, c'est moi qu'on a chargé de son avance-
ment. »

Napoléon considéra un moment le grenadier qui
continuait à donner à Jacquot une leçon d'équitation
sur son pied, puis il lui dit :

« — Je te dois quelque chose, Jacques.

— « A moi, mon Empereur! Vous m'avez donné
la croix pour cette balafre, c'est moi qui vous dois du
retour.

« — C'est, reprit Napoléon, pour ce que tu as dit
à l'empereur Alexandre.

« — Je ne lui ai rien dit de malhonnête à cet empereur! Est-ce qu'il se plaint de moi, par hasard?

« — Non assurément, dit Napoléon; car je veux
te récompenser. Voyons, que désires-tu?

« — Ma foi, répondit Jacques, je n'ai besoin de
rien; mais, puisque vous voulez me faire une amitié,
donnez quelque chose à ce petit, ça lui portera bon-
heur.

— « Bien volontiers, dit l'Empereur »; et Jacques
se leva, mit l'enfant sur son bras et s'approcha pen-

dant que Napoléon cherchait dans ses poches un objet à donner à cet enfant. Il n'y trouva que quelques pièces d'or qu'il y remit bien vite; car ce n'était pas avec cette monnaie qu'il avait gagné le cœur de ses soldats. Il chercha de nouveau, sans rien trouver que des papiers. Enfin il ne savait trop que faire, lorsqu'il découvrit sa tabatière dans un coin de son gilet, et il la tendit au grenadier.

Jacques se mit à rire en regardant la boîte et en disant :

— « Cette bêtise ! donner une tabatière à un enfant qui ne fume même pas ! »

L'Empereur allait répliquer, lorsqu'il sentit que l'on tirait son chapeau, et vit que l'enfant qui était sur le bras du grenadier, avait glissé sa main dans la ganse et qu'il jouait avec la cocarde.

« — Tenez, Sire, dit le grenadier, le petit est plus fin que nous deux; il fait comme Votre Majesté, il prend ce qui lui convient.

« — Eh bien ! reprit l'Empereur, qu'il la garde. » Et lui-même ayant arraché la cocarde de son chapeau, il la remit à l'enfant, à qui Jacques dit en le faisant danser dans ses bras :

« — Allons, fais voir à Sa Majesté que tu sais parler. Et l'enfant, riant et frappant les mains l'une contre l'autre, bégaya doucement ce mot : Vive l'Empereur ! »

Depuis ce jour, Jacques fit beaucoup de voyages : il revint à Paris, alla à Madrid, retourna à Vienne, poussa jusqu'à Moscou et accompagna Napoléon à l'île d'Elbe. Jacquot était de toutes les campagnes, tantôt mesurant son petit pas sur les grandes enjam-

bées des grenadiers de la garde, tantôt porté avec les
bagages, quelquefois à califourchon sur le sac du gro-
gnard. Il avait un petit sabre, un bonnet de police,
qu'il mettait déjà sur l'oreille, et jouait du fifre comme
un rossignol; et Jacques qui aimait et honorait Napo-

— Cependant, si vous voulez m'en donner un sou, prenez-la (p. 39).

léon, comme on aime sa mère et son pays, avait appris
à Jacquot à l'aimer et à l'honorer de même. Cependant
le grenadier était bien embarrassé de la façon dont il
ferait porter la cocarde à l'enfant : mais une idée lui
vint de l'enfermer dans un médaillon qu'il suspendit
à son cou en lui disant : — «Écoute, Jacquot, tu feras
ta prière du soir et du matin sur cette relique, ou je te

fais manger ta bouillie sans souffler dessus. » Ce qui fut dit fut fait, et pendant huit ans, soir et matin Jacquot s'agenouillait devant sa cocarde, priant pour son père Jacques et pour l'Empereur.

Ce temps, ces huit années suffirent pour faire monter la France au comble de la gloire et de la puissance, et pour la plonger dans les plus affreux revers. Napoléon fut exilé à Sainte-Hélène, et l'armée fut licenciée. Le pauvre Jacques fut renvoyé comme les autres, avec ses trois chevrons, sa croix et son pauvre Jacquot. Louis, qui avait alors neuf ans, et qui commençait à comprendre le malheur, m'a bien souvent raconté que ce qui le frappait le plus c'était de voir son brave père, qui avait fait, quelques mois avant, des marches forcées de quinze à vingt lieues par jour, le fusil, la giberne et le sac sur le dos, tomber presque mourant de fatigue au bout de quelques heures de route, à présent qu'il ne portait plus qu'un petit paquet de hardes et un misérable bâton; il s'affaiblissait chaque jour. Souvent il passait les nuits dans de pauvres étables; Jacquot ramassait les brins de paille que laissaient traîner les garçons d'écurie pour en couvrir le vieux grenadier. Il veillait chaque nuit et lui donnait la moitié des morceaux de pain qu'il obtenait de la charité des maîtres d'auberge. Mais enfin la faiblesse de Jacques devint si grande, qu'ils furent forcés de s'arrêter dans une hutte abandonnnée, où le malheureux soldat, vaincu par la douleur, laissa échapper comme malgré lui ces mots : « Jacquot, un peu d'eau-de-vie, ou je meurs. » Le pauvre enfant se prit à pleurer de toutes ses forces, puis il alla se mettre sur le bord du chemin, et essaya de demander l'aumône; mais il n'obtint rien, et il se désespérait tout à fait, lorsqu'une idée lui vint tout à coup, une idée comme le malheur en inspire; il se mit à genoux, tira son médaillon de sa poitrine, et se mit à crier en sanglotant :

« — Mon Dieu ! mon Dieu ! donnez-moi de l'eau-de-vie pour le père Jacques ! » et il répétait sans cesse et en suffoquant à force de pleurer : « Mon Dieu ! donnez-moi de l'eau-de-vie pour le père Jacques ! » En ce moment, un monsieur s'approcha de Jacquot; il interrogea l'enfant qui, à travers ses larmes, lui raconta son histoire, et finit par lui dire :

— « Le père Jacques m'a défendu de jamais me séparer de cette cocarde, il m'a dit qu'elle me protégerait, que c'était mon bien, et je me ferais couper un bras plutôt que de la perdre : cependant, si vous voulez m'en donner un sou, prenez-la; j'achèterai de l'eau-de-vie au père Jacques. »

L'étranger attendri répondit à l'enfant :

« — Celui que tu as imploré a laissé en France quelques vieux soldats qui partageront ses bienfaits avec leurs vieux compagnons. Mène-moi près de Jacques. » Et cet homme...

— Cet homme bienfaisant, s'écria le jeune officier de marine, en interrompant le récit de la femme du général, cet homme bienfaisant me prit dans ses bras, moi pauvre mendiant. Il fit transporter Jacques dans son château; il le rendit à la vie, il lui assura une existence et me fit élever, moi orphelin, comme son fils, et chaque jour il m'accable de ses bienfaits. Et le jeune marin se prit à pleurer en disant ces paroles; et comme le général et sa femme lui tenaient les mains, ses larmes roulaient sur sa belle figure, et le général s'écria à son tour :

— Tu ne finis pas l'histoire, Louis, tu oublies de dire que je te promis de te rendre ta cocarde le jour où tu reviendrais avec une épaulette gagnée comme nous gagnions les nôtres ; et, vous le voyez, la cocarde est à son chapeau ; car Louis était à la prise d'Alger, et son capitaine, qui l'avait pris aspirant, me l'a renvoyé enseigne.

A ces mots, le brave général embrassa son fils adoptif. Nous étions tous attendris ; et le vieil officier murmura en essuyant ses yeux et sa moustache :

— Je l'avais bien dit que vous fondriez tous en larmes.

Monsieur Perroquet

Monsieur Perroquet

M. de Vintimil possédait près de Charenton, à quelques lieues de Paris, une belle maison de campagne, où il recevait beaucoup de monde. C'était son plus grand plaisir, et il mettait tant de soin dans le choix des personnes qu'il invitait, tant de bonne grâce dans l'accueil qu'il leur faisait, qu'on citait partout la société qui s'assemblait chez lui, comme une des plus charmantes réunions qui existassent, et sa maison comme une école d'esprit et de politesse. M. de Vintimil était un riche banquier, la plupart du temps occupé d'affaires de la plus haute importance, et qui n'avait d'autre délassement que les heures d'entretien intime qu'il passait au milieu de ses amis. M. de Vintimil était veuf et n'avait qu'un fils qui s'appelait Ludovic. Il avait confié son éducation à un professeur, très savant et très capable d'enseigner tout ce qu'il savait; mais le pauvre professeur, une fois sorti de ses livres et de sa science, n'entendait pas grand'chose aux usages du monde, et n'était guère propre à former le caractère ou à polir les manières d'un enfant. Du moment que Ludovic avait fait ses versions grecques et latines sans contresens, et qu'il avait récité sans faute les beaux passages qu'il lui faisait apprendre, le père Honoré, comme l'appelaient les domestiques, était satisfait. Et toutes les fois que M. de Vintimil lui demandait où en étaient les progrès de son fils, il se répandait en éloges flatteurs sur son compte. En effet, Ludovic était un garçon fort studieux et plein d'intelligence, et son père avait, sous ce rapport, raison d'en être heureux et fier. Mais cette bonne qualité de Ludovic était plutôt un malheur qu'autre chose, car elle servait à cacher des défauts qui en faisaient pour tous les autres un enfant insupportable. Ainsi, il était insolent, querelleur, et, par-dessus tout, curieux et bavard à l'excès. Les domestiques n'osaient se plaindre, et les amis de M. de Vintimil, qui le voyaient prévenu en faveur de son fils par les rapports du père Honoré, craignaient de lui faire du chagrin en le désabusant. Ils espéraient que l'âge corrigerait Ludovic, et se taisaient en attendant. Mais leur indulgence, mal appréciée par le petit bonhomme, ne servit qu'à laisser développer plus activement en lui ses méchantes inclinations.

Ainsi, dans le parc, Ludovic se glissait le long des charmilles, ou se rencognait dans un massif, et de là il écoutait tout ce qui se disait; et puis il n'avait rien de plus pressé que d'aller le répéter; et il arrivait qu'une plaisanterie innocente ou une réflexion un peu brusque faite dans un moment de gaîté ou d'humeur, devenaient des sujets de discussions aigres, et quelquefois de brouilleries sérieuses. Dans d'autres circonstances, il se cachait derrière les portes, et là, l'oreille au guet, l'œil appliqué sur le trou de la serrure, il épiait tout le monde aux heures où chacun se croit en sûreté dans son intérieur.

Il avait remarqué qu'un certain baron de Lallois, auquel M. de Vintimil devait l'origine de sa fortune et qui passait ordinairement tous les étés chez son père, s'enfermait quelquefois tout seul dans sa chambre et y demeurait assez longtemps. M. de Lallois était un ancien émigré qui avait perdu toute sa fortune, et que M. de Vintimil accueillait avec d'autant plus de distinction qu'il savait qu'il était pauvre. Les domestiques avaient même reçu l'ordre formel de lui obéir avec plus d'empressement et de respect qu'à toute autre personne; car il faut que vous sachiez, mes enfants, que le malheur est une meilleure recommandation envers les cœurs sensibles que la plus haute fortune, et que la délicatesse qu'on met à offrir un bienfait est souvent plus précieuse pour celui qu'on oblige que le bienfait lui-même. Par exemple, ce que le baron de Lallois aimait dans la généreuse hospitalité qu'il recevait de M. de Vintimil, c'est que tout le monde ignorait qu'il en eût besoin. Cet excellent homme poussait même l'attention jusqu'à sauver au vieux baron les moments d'embarras où souvent on le mettait sans intention. Ainsi lorsque quelqu'un proposait à M. de Lallois une partie de trictac ou de whist, qui se trouvait trop chère pour ses moyens, M. de Vintimil lui épargnait le désagrément d'un refus en s'écriant à propos :

— Non ! non ! je garde le baron pour moi, il s'est engagé à faire ma partie d'échecs ce soir.

Et comme la partie d'échecs était intéressée d'un petit écu seulement, et que le baron y était incontestablement plus fort que M. de Vintimil, le baron y gagnait deux choses : d'abord le petit écu, ce qui n'en valait pas la peine, et puis le plaisir de dire, en se frottant les mains :

— Ce brave Vintimil, il s'est bien défendu ; mais il n'est pas de force, je l'obligerai bien à en convenir.

Puis il racontait à chacun le coup admirable qui avait décidé la partie ; et ce plaisir était bien grand pour le baron.

Mais revenons à ce que je vous disais, que M. de Lallois s'enfermait souvent dans sa chambre, mais personne ne s'en était inquiété. Il n'en fut pas ainsi de notre curieux, et il fit si bien qu'il parvint à découvrir le secret des retraites du baron, un jour qu'il avait annoncé au salon qu'il ne descendrait que pour dîner.

A peine Ludovic eut-il entendu cette parole, que voilà qu'il grimpe les escaliers quatre à quatre, et qu'il entre comme un petit voleur dans la chambre de M. de Lallois. Il y cherche en grande hâte une cachette, et n'en trouvant pas de convenable, il se jette tout essoufflé sous le lit, en entendant monter lentement le vieil ami de son père.

Le baron arrive, et, à la grande joie de Ludovic, il ferme sa porte avec soin, tire le verrou, et, comme il connaissait mieux que personne la curiosité du petit drôle, il masque le trou de la serrure avec une

feuille de papier. Tant de précautions, tout en assu-
rant le petit curieux qu'il allait enfin voir ce qu'il
désirait si vivement, l'alarmaient cependant, car il
commença à craindre qu'il ne se passât quelque
chose d'extraordinaire. Bientôt il voit M. de Lallois
ouvrir son secrétaire et en tirer une petite boîte qu'il

Bientôt il voit M. de Lallois ouvrir son secrétaire (p. 47).

ouvre à son tour avec une petite clef qu'il portait
suspendue à la chaîne d'acier de sa vieille grosse
montre d'argent. A ce moment la crainte et la curiosité de Ludovic étaient excitées au plus haut point,
car il supposait en même temps que ce que contenait
la boîte devait être bien précieux, et, d'un autre
côté, il avait remarqué qu'elle avait résonné quand

le baron l'avait posée sur la table, comme si elle contenait des instruments de fer.

Enfin la boîte s'ouvre, et Ludovic en voit tirer, à son grand étonnement, une paire de ciseaux, un étui et deux ou trois pelotons de fils ou de soie. Le baron en choisit un, et sa figure marque le plus vif désappointement, lorsqu'il s'aperçoit qu'il ne lui reste pas une demi-aiguillée de soie noire. Il se gratte le front, il tourne et retourne tout ce qui se trouve sur sa table et n'en devient pas plus riche. Enfin, après bien des hésitations, il se décide à prendre une aiguillée de fil blanc, et d'un air profondément triste, il déboutonne sa vieille culotte et l'ôte tout à fait, puis il s'assied devant sa table, et, après avoir longtemps considéré sa culotte et son fil en secouant pensivement la tête, il se met à l'ouvrage et raccommode le mieux qu'il peut un accroc assez mal placé, et qu'il s'était fait en s'asseyant sur une chaise de jardin dont un clou dépassait. La reprise finie, il remet sa culotte, et voit avec satisfaction que les plis du pan de l'habit couvrent parfaitement la couture, et que personne ne s'apercevra de l'accident et ne devinera qu'il n'a pas le moyen de changer de vêtement.

L'heure du dîner sonne, M. de Lallois quitte sa chambre, et Ludovic après lui, riant en lui-même de la vieille culotte du baron, et se promettant bien d'en faire rire les autres. Mais le dîner commença avant qu'il eût trouvé personne à qui faire sa confidence. Bientôt la conversation s'engage, et l'on parle de diverses choses. Tout à coup, au milieu d'une discussion sur la conduite d'une personne qui se croyait

bien adroite, et dont personne cependant n'était
la dupe, voilà le baron qui prend la parole, et qui,
se servant d'une tournure de phrase assez usitée
en pareille circonstance, dit à son voisin :

— Bah ! tout ça, mon cher, ce sont des finesses
cousues de fil blanc.

— Tiens ! tiens ! c'est comme votre culotte, s'écrie
Ludovic aussitôt.

A ces mots le baron rougit, et tout le monde
s'étonne. M. de Vintimil, qui causait avec une autre
personne, et qui n'a pas entendu la réflexion de
Ludovic, ne peut le faire taire que lorsque le bavard
en a déjà assez raconté pour que l'on comprenne ce
dont il s'agit. Tous les regards se tournent sur le
malheureux vieillard qui, les yeux fixés sur son
assiette, semblait dévorer son humiliation. Cependant, il essaie de se remettre; mais, se voyant ainsi
l'objet de l'attention générale, il se trouble davantage;
il veut détourner le coup par une plaisanterie, et
balbutie. Enfin, le cœur gonflé, il se lève de table;
et malgré lui, en s'éloignant, il essuie avec sa serviette une larme prête à s'échapper de ses yeux.

M. de Vintimil gronda sévèrement Ludovic de son
indiscrétion, et lui ordonna de courir après M. de
Lallois et de lui demander pardon. Mais il n'était
plus temps, et le concierge dit à M. de Vintimil qui
le cherchait aussi de son côté, qu'il venait de sortir
ayant sa canne et son chapeau, et qu'il lui avait
donné deux louis pour les remettre aux domestiques.
C'était peut-être le fruit de longues privations que
le pauvre baron venait de sacrifier, pour une plaisanterie de M. Ludovic. C'était bien plus, mes en-

fants, car il ne reparut plus au château, quelques instances qu'on fît près de lui.

Cette aventure aurait dû corriger notre curieux, car il avait blessé d'un coup, grâce à ses vilains défauts, les deux choses les plus respectables de la terre, la vieillesse et la pauvreté. Faire rougir un vieillard ! humilier un pauvre ! Si, par inattention, ce malheur m'arrivait, je leur en demanderais pardon à deux genoux devant tout le monde. Mais, hélas ! le vice était trop enraciné dans l'âme de Ludovic pour qu'il se corrigeât si facilement, et d'ailleurs M. de Vintimil, en déplorant ce qui était arrivé, crut que ce n'était qu'une étourderie et finit par pardonner. Mais il eut bientôt à se repentir pour lui-même de ne pas avoir corrigé sévèrement le curieux. Quelque temps après ce que nous venons de rapporter, on parlait beaucoup, dans le salon de M. de Vintimil, d'une très grosse affaire où il pouvait gagner énormément; mais, pour l'entreprendre, il devait s'associer avec un autre banquier qui fournissait beaucoup d'argent. Ce banquier s'appelait M. Didenol et était beaucoup plus riche en écus qu'en esprit. Un jour que M. de Vintimil avait discuté avec lui et d'autres intéressés comment il fallait prendre cette fameuse affaire, M. Didenol, se retira, sans que personne eût pu lui faire comprendre une opération fort simple et dont chacun reconnaissait l'utilité. Dès qu'il fut parti, chacun se récria sur le désagrément qu'il y avait à faire des affaires avec des gens bornés comme ce M. Didenol; chacun disait son mot. M. de Vintimil lui-même ne put s'empêcher de les approuver; car il leur dit en les rassurant un peu :

― Il est vrai que ce pauvre Didenol n'a pas inventé la poudre; mais il doit revenir demain, et j'espère le convaincre, car sans lui nous ne pouvons rien.

Ludovic, qu'on avait oublié dans un coin et qui avait entendu toute cette discussion, n'y avait rien compris, et il avait encore moins compris la phrase de son père, car il ne savait pas qu'on dit vulgairement d'un homme sans esprit ni jugement, qu'il n'a pas inventé la poudre.

Le lendemain venu, M. Didenol arrive et attend au salon que M. de Vintimil descende. Ludovic était à son poste; car dès qu'il entendait sonner le timbre de la grille qui annonçait l'arrivée d'un étranger, il ne manquait jamais d'accourir pour connaître le nouvel arrivant. Il s'élance dans l'avenue et il ne voit pas plus tôt M. Didenol qu'il se félicite de la rencontre. Il le fait entrer au salon et s'écrie :

— Ah ! tiens : c'est bon, M. Didenol va me dire ça...

— Que voulez-vous que je vous dise, mon petit ami? reprit le banquier, en l'embrassant et en le mettant sur ses genoux.

— Je voudrais que vous me disiez quelque chose qui me paraît bien drôle, répondit Ludovic en souriant et en le regardant d'un air malin.

— Qu'est-ce que c'est? dit M. Didenol.

— Savez-vous, demanda Ludovic, savez-vous qui est-ce qui a inventé la poudre?

M. Didenol, très surpris à cette question, répondit en souriant :

— C'est un moine espagnol, je crois... Mais pour quoi me demandez-vous ça?

— Ah ! c'est que papa disait hier que ce n'était pas vous, répondit Ludovic en se dandinant comme s'il eût fait un chef-d'œuvre.

— Ah ! votre papa a dit ça? reprit M. Didenol en se levant d'un air piqué.

— Oui, papa a dit ça.

— C'est bien, c'est bien ! murmura le banquier dans ses dents; et tout aussitôt il sortit du château sans attendre M. de Vintimil, qui eut beau s'informer de la cause du départ de son associé. Il s'apprêtait à lui écrire, lorsqu'il reçut le petit billet suivant :

« Monsieur,

« Je n'ai pas inventé la poudre, c'est vrai, mais je ne suis pas encore assez sot pour m'associer avec des gens qui me traitent comme une perruque.

« Je suis votre serviteur. »

M. de Vintimil ne comprenait rien à cette lettre, lorsque à force de questions il finit par apprendre que M. Didenol était resté seul avec Ludovic dans le salon; il se rappela alors ses propres paroles de la veille, et il fut assuré que c'était à son fils qu'il devait la perte d'une magnifique affaire.

Cette fois la correction fut plus sérieuse que la première; mais il était réservé aux défauts de Ludovic d'amener encore de plus grands malheurs. Et ce fut un bien triste événement qui le corrigea.

Ainsi Ludovic, par sa sotte indiscrétion, avait déjà fait perdre à son père un vieil ami et une très belle affaire. Avant d'aller plus loin, il est bon de vous dire, mes amis, que les défauts ont cela d'affreux chez les enfants, de même que chez les hommes, que du moment qu'on ne les détruit pas, ils ne font que croître, comme les mauvaises herbes dans les jardins. Ainsi Ludovic, qui d'abord était curieux et bavard, devint espion et rapporteur; ensuite il arriva que, comme tout le monde se cachait de lui, il devint méchant, et qu'il inventait des histoires lorsqu'il ne pouvait rien découvrir. Il était devenu le fléau de la belle société de son père : chacun craignait de parler devant lui, sûr que ses paroles seraient redites à tout le monde, sinon envenimées. Il avait failli faire battre en duel deux commis de M. de Vintimil, parce que l'un d'eux avait dit, à propos de son camarade, qui était gros, court et joufflu, et qui devait se marier avec une demoiselle grande et mince : « Il me semble voir un potiron qui épouse une asperge. »

Ludovic avait entendu cette plaisanterie, et n'avait pas manqué d'aller la raconter tout de suite à l'autre commis; et, sans l'intervention de M. de Vintimil, qui fut averti à propos, l'affaire serait devenue très grave.

Enfin, c'étaient tous les jours de nouveaux traits, et M. de Vintimil, malgré sa tendresse pour son fils, se résolut à s'en séparer et à le mettre dans un collège, comptant bien que les bonnes corrections que ne lui épargneraient pas ses camarades finiraient par le corriger.

Il était venu dans cette intention à Paris, espérant laisser Ludovic tout seul à la campagne. Il est inutile de vous dire qu'aussitôt le départ de son père,

Ludovic se prit à tout retourner dans la maison.
Il était fort occupé à ce soin, lorsque arrive tout à
coup un homme à cheval qui demande M. de Vintimil, et qui veut absolument lui remettre une lettre
très pressée. Au bruit que fait cet homme, Ludovic
accourt et s'informe de ce qui se passe; et, sur ce
qu'il assure que son père rentrera avant deux heures,
le courrier consent, après bien des contestations,
à laisser la lettre. Voici donc notre curieux en pos-
session d'une lettre bien importante : il la prend,
l'emporte dans le salon, la jette d'abord sur la table
et se met à lire près d'une croisée; cependant de
temps en temps il regarde la lettre du coin de l'œil,
puis il jette son livre et tourne autour de la table,
puis il prend la lettre, la pose, l'examine, la repose,
la reprend encore; puis il l'entr'ouvre un peu, s'aperçoit qu'on peut en lire quelque chose, et enfin, enfin...
il se décide à ouvrir la lettre, qui n'était cachetée
que très légèrement. Oui, mes enfants, il ouvrit la
lettre! et vous saurez qu'une telle action est un
crime. Aux yeux d'un homme d'honneur, une misérable feuille de papier fermée par un petit morceau
de cire est un asile plus impénétrable qu'une for-
teresse, et un secret confié au papier y est plus en
sûreté que dans un coffre de fer fermé de vingt ca-
denas. Mais la curiosité fait oublier tous les bons sentiments : donc Ludovic ouvrit la lettre, et voici ce
qu'il lut :

« Monsieur,

« Hâtez-vous d'envoyer chercher le jeune Richard,

votre filleul; le médecin de notre établissement a
déclaré qu'il était atteint d'une manière mortelle,
mais que, par des soins persévérants, on arriverait
à prolonger son existence. Ces soins pourront lui
être plus facilement prodigués chez vous que dans
notre maison, et j'ai cru devoir vous en avertir sur-
le-champ.

« J'ai l'honneur d'être, etc...

« M...

« *Chef de l'Institution des Sourds-Muets.* »

Ce Richard était le fils d'un fermier de M. de Vint
timil; le pauvre garçon, né sourd-muet, était élevé
aux frais de son parrain qui en prenait le plus grand
soin. Il faut dire, à l'honneur de Ludovic, qu'il fut
très affecté de la nouvelle qu'il venait d'apprendre.
Cependant il referme la lettre, et vers le soir, il voit
arriver dans l'avenue la voiture de son père; mais
il s'aperçoit qu'elle vient seulement au pas, et que
M. de Vintimil marche à pied bien loin en arrière,
en causant avec son médecin, M. Lambert. Ludovic,
toujours curieux, se précipite à leur rencontre et
arrivé près de la voiture, il demanda au cocher ce
qu'il y a de neuf. Celui-ci lui répond que c'est le
petit Richard, qui est très malade, et que M. de Vintimil, qui en avait été averti la veille à Paris, ramène avec lui. Ludovic continue sa course, et arrive
près de son père au moment où M. Lambert lui disait :

— Non seulement on peut le faire vivre longtemps,
mais encore on peut le sauver, pourvu qu'il n'éprouve

aucune émotion violente, et surtout qu'il ignore son danger.

— Ah ! tant mieux ! s'écrie Ludovic étourdiment, ce M. M... qui écrivait à papa qu'il en mourrait, ça me faisait peur.

Il n'eut pas plus tôt dit ces mots qu'il s'aperçut, au regard terrible de son père, qu'il s'était dénoncé lui-même sans s'en douter.

— D'où savez-vous que M. M... m'a écrit? lui dit M. de Vintimil d'une voix sévère.

— Papa, c'est qu'il est venu un courrier... répondit Ludovic en balbutiant; oui... le courrier est venu avec sa lettre... — Et puis, c'est le courrier qui vous a dit... — Voyez-vous, papa, il y a...

— Il y a, reprend M. de Vintimil, que vous êtes un petit malheureux, que vous avez lu une lettre qui était adressée à votre père ! Rentrez, monsieur; envoyez-moi cette lettre, et que je ne vous revoie que quand je vous ferai appeler.

Ludovic, plus mortifié d'avoir été ainsi traité que malheureux de sa faute, retourne au château, prend la lettre sur une table, et la chiffonne avec colère en laissant échapper des malédictions contre le pauvre Richard. Enfin il voit la voiture s'arrêter, et, avant d'aller s'enfermer dans sa chambre, il va à l'office, y trouve un domestique, et lui dit brutalement ·

— Tenez, portez ça à mon père.

Le domestique étonné lui répond :

— Où donc est-il, M. votre père, que vous n'y allez pas vous-même?

— Est-ce que je sais? répondit Ludovic d'un air insolent. Il est avec son petit Richard. Tenez, vous

dis-je, portez-leur cette lettre, ça les regarde tous
les deux.

Le domestique fort surpris prend la lettre qui,
mal cachetée, s'était ouverte pendant que Ludovic
la chiffonnait. Il va dans la chambre où l'on avait
transporté Richard et n'y trouve point M. de Vintimil, qui recevait de M. Lambert les instructions
sur les soins à prendre du malade. Le domestique
n'avait pas trop compris ce que lui avait dit Ludovic
mais il avait entendu que la lettre concernait Richard;
il s'approche donc du malade, et la lui présente.
Celui-ci la prend; et un éclair de joie brille dans ses
yeux, quand il reconnaît l'écriture de M. M... Mais
il lit l'adresse, et du geste il demande au domestique
si c'est véritablement pour lui. Le domestique, se
rappelant seulement les derniers mots de Ludovic,
ou peut-être comprenant mal le langage du muet,
lui répond affirmativement, et Richard, en voyant
la lettre décachetée, s'imagine que c'est M. de Vintimil qui la lui envoie, et il se met à lire. A peine
arrive-t-il à la dernière ligne qu'il pousse un cri terrible et qu'il tombe presque évanoui. M. de Vintimil
accourt ainsi que M. Lambert. Ils interrogent le
domestique qui, tout étourdi, raconte ce que lui a
dit Ludovic, ce qu'il a fait et ce qui est arrivé.

Dans son désespoir, M. de Vintimil s'écrie :

— Ah! le malheureux l'a assassiné! misérable
Ludovic!... Ah! je n'avais pas mérité le malheur
d'avoir un pareil enfant.

Le pauvre domestique, épouvanté, veut prendre
sur lui une partie de la faute; mais M. de Vintimil,
tout en déplorant sa maladresse, reconnaît que c'est

à la méchanceté de Ludovic qu'est dû cet accident. Il s'emporte contre son fils, et il veut chasser le petit misérable de sa maison et ne plus le revoir. Enfin M. Lambert le console un peu, et, à force de soins, on fait revenir à lui le petit Richard. Mais le pauvre sourd-muet, jusque-là si confiant, si intelligent sur tout ce qu'on lui demandait, demeure immobile, les yeux baissés sur son lit. Le médecin lui montre la lettre, en lui faisant signe qu'elle ne signifie rien, et il la déchire et la jette à terre pour lui faire entendre qu'il n'y faut pas faire attention. Mais Richard sourit tristement à toutes ces démonstrations, et de grosses larmes tombent de ses yeux. C'est en vain qu'on s'empresse autour de lui, il demeure immobile à toutes ces marques d'intérêt. Cependant M. de Vintimil fait appeler le père Honoré. Ce digne et savant professeur n'était étranger à aucune connaissance, et il savait suffisamment la langue des muets pour se faire comprendre. D'après l'ordre de M. de Vintimil, il explique au pauvre Richard que le médecin de l'institution s'est trompé, et que sa guérison est certaine s'il veut suivre les conseils de M. Lambert. Mais le malade, frappé de ce qu'il a lu, croyant qu'on veut le tromper, répond seulement au père Honoré :

— J'aime mieux mourir tout de suite.

Et le père Honoré traduit ces paroles à M. de Vintimil qui pleure dans un coin. Cependant la journée se passe sans que le malade veuille rien prendre. M. de Vintimil fait venir Ludovic, et alors il lui fait voir toute l'horreur de sa faute; il l'accable des reproches les plus cruels. Ludovic tombe à genoux devant son père; mais celui-ci demeure inflexible et ne lui pardonne pas.

— Vous l'avez tué, monsieur, lui répète-t-il sans cesse d'une voix terrible. Vous avez été plus lâche et plus cruel qu'un assassin; car l'assassin expose sa vie en commettant son forfait, et il ne fait pas souffrir sa victime. Mais vous, c'est d'un mot que vous avez fait ce crime, et le supplice du pauvre Richard durera bien longtemps : le malheureux éprouvera le tourment de la mort à toutes les heures, à toutes les minutes, car, grâce à vous, il sait qu'il doit mourir. Sortez, vous n'êtes plus mon fils.

Ludovic se retira le cœur brisé. Il s'en alla dans la maison, mais tout le monde se reculait de lui à son aspect, et chaque fois qu'il rencontrait quelqu'un, il entendait murmurer ce mot terrible :

— C'est lui qui l'a tué !

Mais ce supplice n'était rien; car M. de Vintimil le fit appeler le lendemain matin, et, le plaçant en face du lit du pauvre Richard, il lui dit en lui montrant son visage pâle et souffrant :

— Voilà votre ouvrage, monsieur.

Ludovic eut beau pleurer et demander pardon, son père n'écouta rien. Tous les jours il le prenait et l'entraînait dans cette triste chambre, et, lui montrant Richard qui dépérissait, il lui répétait ce mot cruel :

— Voilà ce que vous avez fait. Regardez, voilà votre ouvrage !

A son tour, Ludovic devint bien malheureux, car il ne pouvait plus se cacher que Richard allait mourir bientôt. M. Lambert avait quelquefois obtenu du malade de prendre les remèdes qu'il lui indiquait, mais Richard le faisait avec répugnance et d'une manière si peu réglée qu'ils ne faisaient que peu d'effet. D'ailleurs il manquait de confiance et de courage, et c'est un grand remède que la confiance et la bonne volonté de se guérir. Chaque jour la maladie empirait, et M. de Vintimil avait annoncé à son fils qu'il le rendrait témoin de la mort de son camarade.

— Oui, lui avait-il dit, je vous attacherai au pied de son lit de mort pour que vous entendiez ses derniers soupirs, pour que vous voyiez sa vie s'en aller, et je vous ferai toucher son cadavre afin que ce spectacle vous déchire le cœur et se grave dans votre souvenir jusqu'à la fin de vos jours.

Ludovic était désespéré. Plusieurs fois il avait voulu se rapprocher du lit de Richard, mais on l'en avait chassé avec horreur. Cependant on remarqua bientôt qu'il s'enfermait des heures entières tout seul ou avec le père Honoré.

Un matin, on vint annoncer à M. de Vintimil que Richard avait passé une très mauvaise nuit, et qu'il se refusait à prendre le remède qu'avait ordonné M. Lambert. M. de Vintimil court chez Richard, il trouve le père Honoré qui suppliait vainement le malade dont le signe répondait sans cesse :

— Puisqu'il faut que je meure, j'aime mieux mourir tout de suite.

— Ah ! grand Dieu ! s'écria M. de Vintimil, c'est une suffocation. Le pauvre malheureux est mort dans une heure s'il refuse !

A ces mots, il entend des sanglots déchirants à

côté de lui, et voit Ludovic à genoux au pied
du lit.

— Voilà votre ouvrage ! lui dit son père, vous
l'avez tué ! ! !

— Ah ! Dieu ! reprend Ludovic avec un accent
singulier, je le sauverai ou je mourrai avec lui.

— Grâce ! grâce ! guéris-toi (p. 62).

Et tout aussitôt il s'élance auprès du lit de Richard
qui lui sourit doucement. Mais quelle est la surprise
de M. de Vintimil en voyant le malade devenir très
attentif à un signe de Ludovic ! M. de Vintimil veut
l'arrêter, mais le père Honoré lui dit tout bas de le
laisser faire ; et il lui explique alors ce que Ludovic
disait à Richard dans le langage expressif des muets.

— Grâce, Richard ! C'est moi qui te tue ; c'est

moi qui t'ai envoyé la lettre qui disait que tu devais mourir, tandis que je savais que c'était un mensonge. Depuis ce temps, mon père m'a maudit, et tu vois que je suis bien malade; aussi, si tu meurs, je mourrai. Mais si tu veux consentir à te guérir, je t'aimerai comme mon frère, non pas parce que tu me sauveras avec toi, mais parce qu'alors, peut-être, mon père me pardonnera.

Puis Ludovic, tombant à genoux, ajouta avec un geste animé :

— Grâce ! grâce ! guéris-toi.

Richard, qui avait compris tout ce que Ludovic lui avait dit, prit, pour toute réponse, la tasse qui était près de lui et qui renfermait la potion qui devait le calmer et qu'il avait refusée, et la but d'un seul trait.

Alors le père Honoré expliqua à M. de Vintimil comment Ludovic avait passé les nuits et les jours à apprendre le langage des muets pour demander ainsi pardon à Richard. Depuis ce moment, les soins du médecin, secondés par la bonne volonté du malade, eurent leur plein effet. Ludovic s'établit au chevet de Richard, il lui servait d'interprète et de garde-malade; et au bout d'un mois le pauvre sourd-muet était hors de tout danger.

M. de Vintimil, bien qu'il fût content en lui-même de la nouvelle conduite de son fils, ne lui avait pas encore adressé la parole. Enfin, le matin où M. Lambert annonça que Richard était sauvé, M. de Vintimil, incapable de parler tant son émotion était grande, tendit les bras à son fils qui s'y précipita avec transport.

Je ne saurais vous dire quel fut le plus heureux de Ludovic ou de son père, quoique je sache que c'est un affreux supplice pour un père que d'être privé des caresses de son enfant; mais, ce que je peux vous assurer, c'est que Ludovic ne fut plus ni curieux ni bavard.

Le petit Pêcheur

Le petit Pêcheur

Pour beaucoup d'entre vous, enfants, l'histoire de la vie commence tard. Ce n'est que lorsque vous serez tout à fait des jeunes gens ou de grandes demoiselles, qu'il y aura pour vous, dans l'existence des inquiétudes et des soucis : aujourd'hui votre mère a tous ceux de votre santé; votre père, tous ceux de votre fortune. On vous étonnerait beaucoup si l'on vous disait demain que vous êtes déjà assez avancés pour être utiles aux autres et devenir un appui de votre famille. Vous seriez bien épouvantés si l'on vous annonçait qu'il faut que vous achetiez le dîner de votre père avec les produits de votre travail : je vous vois tout embarrassés entre votre grammaire et votre carte de géographie, et ne sachant que pleurer, ce qui est déjà quelque chose. Pleurer sur le bien qu'on ne peut pas faire, c'est donner avec le cœur : c'est l'intention que Dieu, dans sa clémence, tient presque à l'égal de l'action.

Si je vous fais ces réflexions, enfants, ce n'est pas que je blâme l'éducation qu'on vous donne. Mais ce que je vous dis, c'est pour que vous ne regardiez pas avec mépris ces pauvres enfants qui passent près de vous, et qui savent déjà ce que vous ne saurez que quand vous serez grands.

Ils savent, ces pauvres enfants, que la vie est une lutte contre l'adversité, que chaque heure en est précieuse, et que chaque heure perdue est un trésor qu'on ne recouvre plus, comme s'ils jetaient un morceau de pain dans un foyer qui brûle. Cet avertissement vous arrivera un jour, lorsque, appelés à faire usage de votre éducation, vous découvrirez que vous êtes ignorants de certaines choses que vous deviez apprendre et que vous avez délaissées pour quelques heures de plaisir et de paresse. Votre carrière vous deviendra difficile quand vous serez hommes, parce que vous n'aurez pas été laborieux étant enfants.

Mais, comme je vous l'ai déjà dit, il sera bien tard, peut-être trop tard, quand vous apprendrez cela. Il n'en est pas ainsi pour les pauvres enfants dont je vous parle; ils le savent dès qu'ils peuvent agir et marcher; la nécessité n'attend pas qu'ils soient grands pour les en instruire. Chaque jour amène la faim qu'il faut satisfaire, chaque nuit son sommeil dont elle a besoin, et il faut, les pauvres petits, qu'ils pensent à leur faim et à leur sommeil de chaque jour.

Écoutez l'histoire de Tony Brot, que j'ai apprise il y a bien longtemps, et je vous laisse à juger si aucun de vous, sous ses beaux habits de drap fin, vaut autant que ce petit pêcheur avec ses guenilles.

Tony Brot était un petit enfant en 1807. Il demeurait dans un hameau sur la côte de l'Angleterre qui regarde la France. Il avait à peine six ans lorsqu'un soir qu'il avait passé toute la journée à ra-

masser sur la grève les morceaux de bois que la mer
y jette dans les jours de tempête, il rentra tout courbé
sous son fardeau. Sa mère n'était point dans sa
cabane, son père n'était pas revenu de la pêche;
Tony, en les attendant, allume le feu pour faire cuire
le poisson que son père apportera. Il va et vient
dans toute la maison, il prépare la table et se fait
une joie de la surprise de sa mère, quand elle trou-
vera tout ce qu'il faut à sa place. Cependant l'heure
passe, et Tony, qui n'a jamais apporté un si gros
fardeau de bois, se désole d'être obligé de le dimi-
nuer pour alimenter le feu qui brûle toujours sans
que son père puisse voir combien il a travaillé ce
jour-là.

Enfin la nuit vient tout à fait, et personne ne
rentre. Tony, alarmé, court chez quelques voisins,
qui s'étonnent comme lui de ce retard. On s'inquiète,
on s'informe; mais on n'apprend rien et on ramène
le pauvre petit tout en pleurs dans la chaumière.
Il n'y avait personne encore. Quelques voisines res-
tèrent d'abord à jaser sur cette étrange absence;
puis elles regagnèrent peu à peu leur maison, et Tony
se retrouva tout seul au coin de son feu. Il y jetait
de temps en temps un morceau de bois, puis il pleurait; quelquefois il avait peur, quand la porte, poussée
par le vent, s'agitait sur ses gonds; quelquefois il
s'endormait malgré lui, et lorsqu'un bruit plus fort
lui faisait ouvrir les yeux, il voyait les flammes de
son petit feu qui faisaient danser de grandes ombres
sur le mur. Il se levait alors, il courait jusqu'à la porte
de la rue, se mettait à crier de toutes ses forces.
Mais rien ne répondait, rien, que le bruit lointain de

la mer qui se brisait sur les rochers de la côte. Enfin, la fatigue l'emporta; Tony s'endormit.

Il fut éveillé par un grand bruit : il fut bien étonné de voir entrer au matin des soldats commandés par un officier de justice. Celui-ci demanda si ce n'était point la cabane du pêcheur Jack Brot. Un voisin lui répondit que c'était bien la cabane qu'il demandait. Aussitôt l'officier fit un signe à ses soldats, et ils se mirent à visiter la maison dans tous ses recoins. Tony leur demanda ce qu'ils voulaient, et pourquoi ils renversaient ainsi tous les meubles. On ne lui répondit pas; alors il voulut les arrêter et se plaça entre eux et une petite armoire de chêne que les soldats voulaient briser.

— Oh ! s'écria l'officier, c'est là sans doute qu'est le magasin; le petit drôle le défend trop bien pour qu'il n'en connaisse pas la valeur; allons, écartez-le.

Et comme Tony voulut résister, un soldat le prit par le bras et le jeta rudement à l'autre bout de la chambre où il tomba. Il se releva tout saignant, car son nez avait frappé contre terre : il pleurait aussi beaucoup, et tout en essuyant ses larmes et son sang qui coulaient ensemble sur son visage :

— Oh ! vous verrez, s'écria-t-il, quand papa et maman reviendront, vous verrez...

L'officier se prit à rire, et répondit sans trop d'attention :

— A moins que les poissons n'en veuillent pas pour leur souper, tu cours grand risque de ne les plus revoir ni morts ni vivants.

Tony, qui ne comprit pas bien cette atroce plaisanterie, continuait à pleurer et à répéter :

— Vous verrez... vous verrez... Ah ! mon Dieu, ils ont déchiré la robe neuve de maman. Qu'est-ce qu'elle mettra dimanche ?...

L'officier le regarda d'un air de mauvaise humeur.

— Quand je te dis, petit braillard, qu'ils n'ont plus besoin de rien, qu'ils sont morts et noyés tous deux.

— Morts et noyés ! s'écria le petit ; morts et noyés ! Comment, reprit-il en s'adressant à un voisin, morts comme votre frère Tom, que j'ai vu dans son lit et qui ne bougeait plus ? Noyés comme le pêcheur Bergh, que nous avons ramassé sur la grève, il y a un mois ?

— Oui, lui dit le voisin, morts et noyés comme cela.

L'enfant resta si anéanti qu'il ne pleura plus. A cet âge, l'idée de la mort est si difficile à comprendre qu'il semblait qu'il cherchât tout ce que voulait dire ce mot cruel. Pendant ce temps, l'officier continuait :

— Et ça n'a pas été leur faute ; ils filaient devant nous comme des mouettes avec leur contrebande, mais un boulet bien ajusté les a un peu fait clocher et nous sommes arrivés juste au moment où gens et bateau s'enfonçaient pour ne plus reparaître.

— Et vous êtes sûr qu'il avait des marchandises de contrebande ? dit un des voisins.

— Il y a longtemps que Jack Brot m'est dénoncé comme un contrebandier déterminé, et j'en soupçonne plus d'un parmi vous d'être son associé ; prenez-y garde, et que l'exemple vous serve.

L'exemple était terrible, en effet. Les soldats n'ayant rien trouvé dans les meubles et supposant que les murs renfermaient quelque cachette, les frappaient violemment de la crosse de leurs fusils. A un endroit, il leur parut que cela sonnait creux, et, ne trouvant point de porte, ils entreprirent de démolir cette partie du mur. Ils le firent en effet; et la colère de l'officier était si grande de ne rien trouver chez ces malheureux, qu'il avait si horriblement immolés, qu'on renversa presque toute la cabane de fond en comble.

Quand cette épouvantable opération fut faite, quelques murmures s'élevèrent contre la conduite de l'officier; mais celui-ci, plus furieux, s'écria :

— Je vous dis que c'était un contrebandier, et si je n'ai rien trouvé chez lui, c'est que quelqu'un de vous recèle ses marchandises : je le découvrirai.

Aussitôt il s'éloigna, laissant Tony assis tristement sur les débris de sa pauvre cabane. Quelques voisins le regardèrent avec pitié; mais craignant que, s'ils lui donnaient asile, l'officier ne les soupçonnât et ne fît de leurs cabanes ce qu'il avait fait de celle de Jack, ils s'éloignèrent et le laissèrent tout seul. Le pauvre Tony passa toute la journée assis à la place où on l'avait laissé, pleurant à chaudes larmes et pensant qu'il ne verrait plus jamais son père ni sa mère.

Cependant la nuit vint, et avec la nuit l'heure du souper. Tony avait faim; il regarda autour de lui, il n'y avait rien, il n'y avait personne. Pauvre enfant ! il tourna longtemps ses yeux de tous côtés et il se rappela combien de fois il avait attendu, à cette même place, son père ou sa mère qui lui apportait quelque friandise. Mais les chemins étaient déserts et silencieux. Il ne voyait point paraître, à travers les arbres,

la coiffe rouge de sa mère et n'entendait pas la joyeuse
chanson de son père qui disait :

> Me voici, me voici; je suis riche,
> J'ai un beau saumon pour souper,
> Et un coquillage brillant pour faire jouer mon fils.

C'était un bien triste désespoir que celui de cet
enfant, si faible, qui ne savait que pleurer. Enfin,
il se décide à quitter ces misérables décombres et va
pour frapper à la porte d'un voisin.

Le pauvre petit n'osa point à la première et il alla
plus loin : à chaque porte, il s'arrêtait pour frapper;
mais, à chaque porte, il manquait de courage et continuait son chemin, espérant qu'il gagnerait un peu
de résolution en allant de l'une à l'autre. Ainsi il
arriva jusqu'au bout du village. Mais lorsqu'il fut
à la dernière porte, il lui fallut bien frapper. On
ouvrit, et un homme de mauvaise mine se présenta.

— Que veux-tu? dit-il, en voyant Tony.

— Hélas! hélas! maître Blump!...

— Pourquoi as-tu choisi ma maison? Je vois ce
que c'est, les voisins n'ont pas voulu de toi, et tu
viens ici parce qu'on t'a chassé de partout. Je ne
me soucie pas plus qu'un autre de la visite des douaniers. Va-t'en où tu voudras.

Et, sans autres explications, il lui ferma la porte
au nez. Il était neuf heures du soir et Tony n'avait
rien mangé depuis la veille. Il faisait bien froid; alors
il pensa qu'il allait aussi mourir; il se mit à genoux
sur le chemin, et pria Dieu tout haut, en lui rede-
mandant son père et sa mère. Tandis qu'il se déso-
lait ainsi, il n'aperçut pas auprès de lui un homme

qui le considérait; mais comme, parmi ses plaintes, il criait souvent.

— Mon Dieu! mon Dieu! j'ai faim, il entendit une voix qui lui répondit :

— Travaille.

L'enfant, au lieu de s'épouvanter et de fuir, répondit soudainement :

— Je veux bien.

Aussitôt il aperçut un homme qui s'avança vers lui.

C'était un vieillard appuyé sur son bâton. Il était si vieux et si faible que le pauvre Tony, lui, si faible et si jeune, put lui être en aide, en se chargeant d'un panier d'osier où frétillaient une douzaine de jolis poissons. Tous deux prirent la route d'une cabane éloignée. L'enfant et le vieillard marchaient côte à côte; l'enfant racontant ses infortunes, le vieux pêcheur lui répondant des choses que Tony ne comprenait pas, car la douleur des hommes est au-dessus de l'intelligence des enfants.

— Tu as perdu ton père et ta mère, c'est triste; moi, j'ai vu mourir mon fils, c'est triste et horrible; c'est injuste que moi je traîne sur la terre ma misérable vie, après qu'elle n'a plus d'espérance, qu'elle est morte avec mon fils.

Et le vieillard et l'enfant pleuraient tous deux, en discourant ainsi. Bientôt ils arrivèrent à la hutte du pauvre homme.

Il raconta à Marthe, sa vieille femme, la rencontre qu'il avait faite de l'enfant; il lui dit que c'était le fils de Jack Brot, et lui apprit comment il était resté orphelin, sans pain et sans asile. La vieille femme

embrassa Tony, et le fit souper. Puis le pauvre petit
s'endormit en bénissant le vieillard et sa femme; puis
il vit en songe son père et sa mère qui le bénissaient.
Le matin, il se leva plein de force et de courage. Le
vieillard était déjà debout, et il arrangeait avec son
couteau une longue baguette de bois; Tony reconnut
que c'était une ligne. Il avait vu déjà quelques petits

Le lendemain, il prit quelques petits poissons (p. 70).

pêcheurs s'en servir, mais son père, craignant qu'il
ne s'aventurât sur les rochers qui bordaient la mer,
n'avait jamais voulu lui en donner une. Jonathas
(c'était le nom du vieillard) lui remit celle qu'il arrangeait et il l'emmena sur le bord de la mer. Là, il lui
apprit comment il fallait s'y prendre pour amorcer
l'hameçon, comment il fallait le jeter et comment
on attirait le poisson lorsqu'il y mordait. Ce travail,
enfants, ne vous semble pas, sans doute, bien pénible;

mais, pour Tony, il l'était plus que vous ne le pensez; car, pour lui, habitué à courir tout le jour sur le bord de la mer, à gambader, à chanter et à grimper sur les rochers, c'était une rude pénitence que de rester des heures entières immobile et silencieux, sans voir le moindre poisson mordre à sa ligne, ou pour le laisser échapper quand il approchait. Car, lorsque Tony en apercevait un, il était si joyeux, qu'il l'effrayait presque toujours par ses mouvements brusques. La journée fut mauvaise. Non seulement Tony ne prit rien, mais encore Jonathas, occupé à lui enseigner ce qu'il devait faire, manqua la pêche ordinaire et le souper fut bien maigre le soir. Le vieillard ni sa femme ne dirent mot, mais Tony le vit bien, et il se coucha triste et honteux. Le lendemain il se tint plus tranquille et il prit quelques petits poissons. Enfin, il mit tant d'attention qu'en peu de jours il fut presque aussi habile que le vieillard lui-même; bientôt même il le surpassa, car, leste et jeune comme il était, il ne craignait pas de s'aventurer sur les rochers avancés dans la mer, où la pêche était meilleure, mais où Jonathas ne pouvait le suivre.

Un an se passa ainsi. Quelquefois il arrivait que le vieillard envoyait Tony tout seul à la pêche, et toujours le petit pêcheur rapportait plus de poissons qu'il n'en fallait pour la nourriture de la famille. Avant l'arrivée de Tony, Jonathas avait fait quelques petites économies pour les jours de malheur. Bientôt, grâce au travail de l'enfant, elles devinrent assez considérables pour que Jonathas conçût l'espérance d'amasser une somme suffisante pour lui acheter une barque et des filets, dès qu'il pourrait s'en servir.

Il en avait prévenu Tony, qui redoublait de travail dans l'espoir de se voir un jour maître d'une belle barque neuve, avec une voile blanche et de lourds avirons, pour lutter contre l'orage. C'était un garçon déterminé que Tony, qui faisait un mille dans la mer en nageant, et à qui les grands pêcheurs disaient bonjour comme à un homme, en lui demandant comment allaient ses petites affaires et son commerce.

Un jour que la pêche avait été mauvaise, il s'était cependant décidé à rentrer de bonne heure, malgré son peu de succès. Toute la journée, il avait vu des barques inconnues errer sur le bord de la côte; les douaniers en armes avaient couru le long de la mer, et on avait entendu le canon de la ville voisine. Il regagna sa cabane. Jonathas, qui venait au-devant de lui, fut bien content de le voir.

— On a aperçu des vaisseaux français, lui dit-il, on craint une descente; tu as bien fait de venir.

Comme ils étaient à table, ils entendirent frapper à la porte, et un messager entra. Il demanda si ce n'était pas là que demeurait le petit Tony Brot, et quand il en fut assuré, il lui remit une lettre. Le pauvre Tony ne savait pas lire, le vieillard non plus. Le messager ignorait ce que contenait la lettre. Ils étaient bien embarrassés. Enfin ils résolurent d'attendre au lendemain, pour aller chez le pasteur. Ils se perdaient en conjectures sur le contenu d'une lettre adressée à un si petit enfant, lorsqu'ils furent interrompus par une vive canonnade. Ils sortirent et coururent sur le bord de la mer : ils virent un brick français qui se défendait contre une grande frégate anglaise.

Tony regardait avec admiration ce terrible spectacle, lorsqu'il aperçut une petite embarcation sur laquelle étaient deux hommes. A peine fut-elle à quelque distance du vaisseau français qu'un boulet anglais la traversa et qu'elle fut en un instant submergée. Les deux hommes disparurent.

— C'est ainsi, pensa Tony, que sont morts mon père et ma mère.

Et de tous ceux qui contemplaient le combat, il fut peut-être le seul dont les yeux ne quittèrent pas la place où tout avait disparu, pour regarder les deux navires; aussi bien il fut le seul qui, après un moment d'attente, vit l'eau bouillonner et une tête reparaître à la surface. C'était un des hommes qui montaient le batelet qui se sauvait à la nage; Tony le vit se diriger vers la terre, et il disparut bientôt derrière une pointe de rocher.

— Ah! pensa-t-il, mon père aurait pu se sauver ainsi!

La nuit vint avant que le combat fût fini, et les deux navires s'éloignèrent; Tony rentra dans la cabane, et bientôt on n'entendit plus rien. Tout à coup, au milieu de la nuit, on frappe doucement à la porte : le vieillard demande qui est là, mais on ne répond pas et l'on frappe de nouveau. Il se lève.

Aussitôt, et par une lucarne pratiquée dans le mur, il regarde et aperçoit un homme qui l'implore à voix basse de lui donner l'hospitalité. Jonathas l'introduit et voit bientôt que c'est un des marins du brick français. Tony soupçonne que c'est celui qu'il a vu nager vers la terre. D'abord Jonathas est fort embarrassé, car il sait que la loi punit rigoureusement tout An-

glais qui cache un prisonnier français; cependant la
pitié l'emporte; il le reçoit. Le malheureux était tout
mouillé, et l'on rallume le feu pour le sécher. Une
fois qu'il est un peu remis, il raconte à Jonathas qu'il
est enseigne, qu'il appartient à une très riche famille
de France, et qu'il donnerait une grosse somme à celui
qui le ferait échapper d'Angleterre.

Tony écoutait avec anxiété.

— Hélas! dit-il, nous n'avons pas de barque.

— Ni barque, ni bras, dit Jonathas. Nous avons
bien le voisin Blump, qui plus d'une fois s'est risqué,
la nuit, avec sa barque, pour sauver des prisonniers;
mais comme c'est dangereux, il se fait payer cher.

— Tout ce qu'il voudra, s'écria le jeune homme.

Et aussitôt il chercha sa bourse; mais le malheureux
l'avait perdue, et ce fut avec un affreux désespoir
qu'il reconnut qu'il lui faudrait aller partager le sort
de ses misérables compatriotes dans les horribles pri-
sons où on les enfermait. Jonathas était attendri,
et Tony se taisait tristement.

— Nous avons bien deux guinées, dit-il, après un
long silence.

— Tony, dit Jonathas, c'est notre seul bien, et
quand nous voudrions le sacrifier, il ne suffirait pas
pour payer Blump.

— Ah! s'écria Tony, mon père Jack eût sauvé
pour rien l'officier.

— Ton père Jack, Tony, dit le vieillard, était un
honnête homme, quoiqu'on l'ait poursuivi et tué
comme contrebandier.

— Cet enfant n'est donc pas à vous? dit le Français.

— Non. C'est un orphelin que nous avons nourri

d'abord par pitié, et qui nous le rend, tout petit qu'il est.

— Et son père s'appelait Jacques? reprit le Français.

— Oui, Jack, répliqua le vieillard trompé par la prononciation française de l'enseigne, Jack Brot.

— Jack Brot. Je ne sais si je prononce bien; mais voici comment cela s'écrit.

— Nous ne savons pas lire, dit Jonathas.

— Mais, dit l'enfant, voici le nom de mon père écrit; voyez, monsieur, si c'est comme cela. Et il lui montra la lettre qu'on lui avait apportée.

— Oui, oui, dit l'officier, c'est bien cela.

Et tout aussitôt il ouvre la lettre et la parcourt. Tantôt ses yeux brillaient d'une expression de colère, tantôt d'un vif étonnement. Enfin lorsqu'il fut arrivé à la fin il s'écria :

— Grâce au Ciel, justice est faite.

— Que contient donc cette lettre? s'écria Tony.

— Elle vous apprend, mon petit ami, que la sentence prononcée contre votre père vient d'être rapportée, et qu'on vous rend la cabane qu'on avait confisquée, en y ajoutant dix guinées pour la faire reconstruire; mais ce que je vous annonce de plus heureux encore, c'est que votre père et votre mère ne sont pas morts.

— Où sont-ils? s'écria Tony.

— En France, où je les ai conduits, après les avoir recueillis au milieu de la mer, pendant que mon brick croisait sur cette côte.

— Mon père! ma mère! criait Tony; ils ne sont pas morts! je vais les voir! les voir!

— Hélas! reprit le marin, ils sont prisonniers

comme moi, qui ne reverrai peut-être jamais ma mère qui m'attend; ils ne reverront peut-être jamais leur fils.

Tony tomba alors dans une profonde méditation, et il ne se coucha pas de la nuit. Le lendemain, quand tout le monde s'éveilla, on ne le trouva point. Jonathas ne savait que penser; il craignait que, dans l'espoir de gagner de l'argent, Tony n'eût été dénoncer l'officier, qu'il cacha soigneusement. Enfin, la nuit venue, Tony rentra; il était pâle, couvert de sueur et de boue.

— Monsieur, dit-il à l'officier, Blump vous attend, il vous mènera jusqu'à la côte de France : le marché est conclu.

— Grand Dieu ! s'écria l'officier, comment avez-vous fait?

— J'ai été à la ville, j'ai vu le greffier qui m'a donné mes guinées; avec les deux que nous avons ici, ça fera le compte de Blump. Quand vous m'aurez renvoyé mon père et ma mère, ils reconstruiront bien leur cabane tout seuls et ils m'achèteront une barque pour devenir un grand pêcheur.

Le brave officier français se prit à pleurer en entendant parler si généreusement ce tout petit enfant. Il l'embrassa longtemps et le suivit jusqu'au bord de la mer. Blump le conduisit en France; et, trois mois après, Jack Brot et sa femme étaient rentrés en Angleterre, mais riches, par la générosité de leur fils à qui le Français envoyait une grosse somme.

La Poupée de la Fête aux Loges

La Poupée de la Fête aux Loges

La petite demoiselle que vous voyez avec sa maman devant ce comptoir où de petites demoiselles aussi font des chapeaux d'enfants et des habits de poupées, cette petite demoiselle n'aimait point à travailler ni à apprendre, parce que sa mère était riche et avait une voiture, et qu'elle se disait que le travail n'est fait que pour les pauvres. Cette petite demoiselle, qui s'appelait Clémence Darisse, aimait beaucoup la société de trois de ses jeunes amies, Mlles Buttel, qui étaient comme elle, ne faisant rien, et passaient toutes leurs journées à habiller des poupées, à les faire danser dès le matin, à jouer à la dînette, à courir dans le jardin de l'hôtel. Au milieu de cette vie dissipée à laquelle les bons conseils ni la sévérité de Mme Darisse ne pouvaient arracher sa fille, il arriva que Mlles Buttel quittèrent Paris tout à coup et que Clémence ne les vit plus.

Le cœur des paresseux est ingrat, le souvenir est une occupation; aussi, dans les premiers moments, Clémence ne s'occupa guère de l'absence des demoiselles Buttel, espérant qu'elle trouverait bientôt d'autres amies pour ne rien faire et jouer tant qu'elle voudrait. Mais les amies de Mme Darisse ne permettaient pas que leurs enfants perdissent leur temps comme M. Buttel l'avait fait pour ses filles, et bientôt Clémence se trouva tout à fait isolée. Alors elle pensa à Éléonore, à Lucile, à Fanny, les trois filles de M. Buttel, et, ajoutant le mensonge à son défaut d'occupation, elle dit à sa mère :

— Maman, je suis bien chagrine, je ne vois plus mes bonnes petites amies, cela me fait beaucoup de peine, car je les aimais beaucoup.

— Oui, lui répondit Mme Darisse, tu les aimais pour jouer, voilà tout.

— Oh! non, maman, ce n'est pas ça... je voudrais savoir si elles sont contentes, si elles s'amusent bien...

— Eh bien! ma fille, je te mènerai les voir.

— Où ça?

— A la foire aux Loges.

— Oh! nous nous amuserons bien... c'est joli, la foire aux Loges?

— Oui, c'est joli, et je te recommande de bien profiter de ce que tu y verras et de ne jamais l'oublier; me le promets-tu?

— Oh! je puis bien te le promettre; je me souviens très bien de la pièce que j'ai vue chez Franconi il y a deux ans; de la fête de Saint-Cloud où tu m'as menée et où je me suis tant divertie; j'ai une très bonne mémoire.

— Vraiment? Alors pourquoi ne t'en sers-tu pas pour apprendre tes leçons?

— Oh! maman, reprit Clémence en faisant une

petite moue, c'est que ce n'est pas la même chose...
ce n'est pas amusant.

— Eh bien! souviens-toi de la foire aux Loges.

Le dimanche suivant la voiture de Mme Darisse
était prête de bonne heure; Clémence avait mis sa
plus jolie robe, et elle avait le cœur tellement plein

— Eh bien, souviens-toi de la foire aux Loges (p. 87).

d'espérance de s'amuser, qu'elle n'avait pas pris le
temps de déjeuner. On part; on arrive à Saint-Germain.

C'est un spectacle plein de mouvement et de
variété que la fête de Saint-Germain : d'un côté des
danseurs de corde qui courent en l'air au son d'une
clarinette et d'une grosse caisse, de l'autre des esca-

moteurs qui jouent avec des gobelets; par ici un marchand d'orviétan en habit rouge et qui a vendu des cure-dents et des tire-bottes au roi de Perse; ailleurs des théâtres en toile où l'on voit représentée la belle histoire de Geneviève de Brabant, des aveugles avec un violon et un chien, des Auvergnats avec un orgue de Barbarie, des jeux de bague, des loteries de joujoux, des chiens savants, des puces qui jouent du trombone, des éléphants qui pincent de la guitare, des ânes qui savent l'heure, des magiciens qui tirent les cartes, toutes sortes de folies, et partout des badauds, une foule immense de badauds, autant que Paris peut en fournir, tout cela à travers des baraques en bois, des tentes en toile, au milieu du bruit et de la poussière.

— Maman, disait Clémence, où trouverons-nous les demoiselles Buttel?

— Dans leur nouvelle maison.

— Elles ont donc un hôtel à Saint-Germain?

— Tu verras : et tu jugeras combien il est plus beau que le nôtre.

— Plus beau que le nôtre ! Elles sont bien heureuses.

— Est-ce que cela te rend envieuse?

— Non, maman, mais je ne sais pas ce qu'elles ont fait pour avoir un hôtel plus beau que le nôtre.

Mme Darisse et sa fille causaient ainsi en se promenant dans la foire, et à tous moments Clémence demandait à sa mère si elles allaient bientôt arriver.

— Nous y serons tout à l'heure.

— Est-ce que leur hôtel est parmi toutes ces baraques? demanda Clémence.

— Le voilà, dit Mme Darisse en l'arrêtant et en lui montrant une échoppe couverte de petits chapeaux, de chiffons, derrière laquelle travaillaient trois jeunes filles les yeux baissés.

— Tiens ! s'écria Clémence, c'est Éléonore, c'est Lucile, c'est Fanny : ah ! mon Dieu ! à quoi jouez-vous là ?

— Nous travaillons, répondit Fanny, la plus petite.

— Quelle idée ! Pourquoi travaillez-vous ?

— Pour gagner notre vie et celle de notre père.

Clémence regarda sa mère et eut l'air de lui demander ce que cela voulait dire. Gagner sa vie est un mot que la paresse et la richesse ne comprennent guère.

— Est-ce que vous n'allez pas venir jouer avec moi ? reprit Clémence.

— Nous ne jouons plus, mademoiselle, reprit Fanny d'un air froid.

— Pourquoi m'appelles-tu « mademoiselle » ?

— Parce que vous êtes une demoiselle et que nous ne sommes plus que des ouvrières.

— Comment ! vous, des ouvrières, comme il en venait chez maman, qui cousent toute la journée ?

— A peu près.

— Ah ! mon Dieu ! contez-moi donc ça ; qu'est-ce qu'il vous est arrivé ?

Mme Darisse fit un petit signe à l'aînée des trois filles de M. Buttel, à Éléonore, et elle répondit :

— Je veux bien, écoutez-moi :

« Notre père était intéressé dans une maison de banque dont il était le correspondant. Il y a deux ans, il fut forcé de s'y rendre et de nous laisser à Paris avec notre gouvernante, qui était chargée de surveiller nos études. Vous savez combien peu elle était sévère, et vous vous souvenez qu'aussitôt que nous voulions quitter le travail, elle nous le permettait. Cependant, pour que mon père ne nous grondât pas et ne la grondât pas elle-même, elle lui mentait en lui disant que nous faisions de grands progrès. Cela durait depuis bien longtemps, lorsque à son retour nous nous aperçûmes que notre papa était tout triste et soucieux; il passait les nuits dans sa chambre, et le matin il en sortait en nous recommandant de bien travailler; nous le lui promettions, et le soir quand il rentrait nous lui mentions en lui disant que nous avions tenu notre promesse.

« Un jour, il y a six mois de cela, et il me semble que c'était hier et je ne l'oublierai de ma vie, il nous fit venir dans sa chambre : il était déjà attaqué de la maladie qui l'a rendu tout à fait aveugle et qu'il avait gagnée en passant les jours et les nuits à écrire. Il nous fit asseoir devant lui, et voici ce qu'il nous dit :

« — Mes enfants, vous êtes bien jeunes, mais il faut se vieillir quand le malheur arrive; d'ailleurs vous avez été sages et laborieuses, et vous me comprendrez.

« A cet éloge, nous nous regardâmes avec honte entre nous; notre père ne vit pas notre rougeur, il continua :

« — Malgré tous mes efforts pour prévenir la ruine de la maison à laquelle j'étais associé, elle s'est ruinée et m'a ruiné avec elle; nous ne possédons plus rien; cette maison ni les meubles qui y sont ne nous appartiennent plus, et dans quelques jours il faudra que je me retire dans une misérable chambre.

— « O mon Dieu ! criâmes-nous ensemble, qu'allons-nous devenir?

« — Pauvres enfants ! répondit notre père, vous n'aurez plus ni salons, ni femmes de chambre, ni gouvernante, mais vous ne souffrirez pas de ma misère autant que vous le craignez. Aujourd'hui vous recueillerez le fruit des sacrifices que j'ai faits pour votre éducation. Toi, Éléonore, qui as appris le dessin et qui es devenue très habile, tu entreras comme sous-maîtresse dans le pensionnat de Mme B..., tu es accoutumée au travail, et celui d'enseigner, quoique plus pénible que celui d'apprendre, ne te rebutera pas. Toi, Lucile, qui es bonne musicienne, tu donneras des leçons de piano dans la même maison que ta sœur, et quant à Fanny, qui, toute jeune qu'elle est, sait déjà si bien son anglais, je la mettrai chez une dame qui veut faire apprendre cette langue à sa fille en la lui faisant parler par une petite amie. Vous voyez que vous ne serez pas trop à plaindre; car vous êtes jeunes, vous pouvez espérer, au lieu que moi qui suis vieux, je deviens aveugle et n'ai d'autre chance que de vivre du peu que vous pourrez économiser. C'est bien dur de vous imposer cette tâche, mais vous l'accomplirez parce que vous êtes bonnes.

« Mon Dieu ! que ce fut une terrible chose pour nous que d'entendre parler ainsi notre père !

« Mais croyez-moi, mademoiselle, ce n'était pas d'apprendre qu'il était ruiné, c'était de voir l'espérance qu'il avait mise en nous et qu'il allait perdre.

« Aussi nous nous taisions, et notre père, étonné de ce silence, finit par nous dire :

« — Quoi ! mes enfants, la perte de votre fortune vous afflige-t-elle à ce point que vous n'ayez pas une consolation pour votre père ?

« Hélas ! c'est que nous n'avions qu'une douleur de plus à lui donner.

« Enfin notre père nous pressa de questions, et ce fut à genoux et en sanglotant que nous lui avouâmes que nous étions incapables de faire ce qu'il nous demandait.

« Clémence, Clémence ! tu crois savoir ce que c'est que d'avoir du chagrin, mais tout ce que tu en as senti n'est rien. Ce n'est rien que de voir sa maman en colère qui gronde, ce n'est rien que d'être traitée devant tout le monde de paresseuse et d'ignorante; ce qui est affreux, c'est de voir son père, un homme, pleurer, pleurer avec désespoir, en s'écriant : « O mal-« heureux enfants ! qu'allez-vous devenir? » Car ce n'était pas à lui, c'était à nous qu'il pensait, notre pauvre père.

« Après que nous eûmes bien pleuré ensemble, il nous demanda ce que nous avions fait. Il fallut le lui dire. Oh ! c'est bien poignant de dire ainsi ses fautes quand elles font pleurer un père !

« Alors il nous renvoya dans notre chambre et resta dans la sienne; nous l'entendîmes se désoler toute la nuit. Nous ne dormîmes pas non plus, et ce fut dans cette nuit que nous cherchâmes ce que nous pourrions faire. Hélas ! nous n'avions appris qu'à chiffonner pour nos poupées, qu'à leur faire de jolis chapeaux et de belles robes : eh bien ! pensâmesnous, nous ferons des robes et des chapeaux pour les poupées des autres. Quand nous entrâmes chez notre père et que nous lui apprîmes notre résolution, il pleura encore, mais ce fut de joie. Il nous encouragea, il nous aida de ses conseils, et vous voyez ce que nous faisons; c'est bien peu de chose, mais enfin nous gagnons notre vie et celle de notre père. »

Clémence avait écouté ce récit, le rouge à la figure et la honte dans l'âme.

— Avez-vous préparé la belle poupée que je vous ai commandée pour ma fille? dit Mme Darisse.

— La voici, dit la petite Fanny.

Clémence ne voulait pas la prendre : sa mère la força de l'accepter, et le lendemain, à l'heure de la leçon, la poupée était assise devant la table de Clémence, et Clémence étudiait. Sa mère en entrant lui dit doucement :

— Tu ne joues pas avec ta poupée, Clémence?

— Oh ! maman, répondit la petite fille, je ne jouerai pas avec cette poupée, je veux la garder toute ma vie, ce sera ma maîtresse d'études, elle m'apprendra mieux que personne où la paresse peut conduire.

Le Cocher du Maréchal C...

Le Cocher
du Maréchal C...

———

Mes enfants, voici une histoire qui m'a été racontée comme je vais vous la dire, et elle est arrivée
comme elle m'a été racontée. Ce n'est point une invention destinée à vous montrer comment une faute suffit
à perdre souvent la vie d'un homme; c'est un fait réel
au récit duquel nous ne donnerons pas ses véritables
noms, parce qu'ils révéleraient les secrets d'une famille
qui tient un rang illustre dans un des principaux
États de l'Allemagne.

Le maréchal C*** (il n'était alors que général) se
trouva avoir besoin d'un cocher. Il en fit demander
un à une dame de Saint-Domingue qui tenait un
hôtel garni et qui louait en même temps des voitures
de remise. D'abord, cette dame déclara ne pouvoir
lui en procurer un dont elle pût répondre, presque
tous ceux qui conduisaient ses voitures étant des
cochers à la journée et qui ne demeuraient point
chez elle. Un seul, celui qui surveillait tous les autres,

eût pu convenir au général, et c'était précisément à cause de ses bonnes qualités que cette dame désirait le garder. Le général insista d'autant plus vivement pour l'obtenir. Enfin, la maîtresse de l'hôtel garni finit par le lui céder.

Quand cet homme fut au service du général, on ne remarqua rien d'extraordinaire en lui; seulement, une politesse extrême, un soin attentif à ne jamais se mêler aux jeux des autres domestiques, une exactitude rare dans l'accomplissement de ses devoirs le rendirent précieux à son maître. Par une exception bien rare, cette préférence obtenue par le cocher n'excita pas la haine des autres domestiques. Il y avait dans cet homme un fond de tristesse si continu, qu'on ne pouvait croire que ce fût par fierté qu'il se séparait de ses camarades. A l'heure du dîner de tous, il s'asseyait silencieusement à table, mangeait avec sobriété, et se retirait dans son écurie aussitôt après le repas. Dans le château du général, au moment où le service des chevaux laissait à Muller beaucoup de loisirs, il n'en usait point ni pour aller au cabaret ni pour jouer, comme faisaient les autres; il s'asseyait sous quelque arbre du parc, et y faisait de longues lectures. Toutefois, ces singularités qu'on se rappela plus tard ne surprirent guère personne à cette époque; on se contenta de dire que Muller était un ours, et on le laissa faire à sa guise, sans s'occuper autrement de lui.

Deux ans se passèrent à peu près ainsi; Muller suivit le général partout où la guerre le conduisit; c'était vers 1807 que ceci se passait.

Cependant Muller avait accompagné le général en

Dalmatie; celui-ci habitait Raguse, dont l'Empereur
lui avait confié le gouvernement, et ce fut dans cette
ville qu'arriva la petite aventure suivante :

Un jour que le général gouverneur devait avoir
à sa table une grande partie des officiers de son état-
major et les principaux officiers d'un corps d'armée
autrichien qui se trouvait dans les environs, il fut
obligé de requérir, pour le service de la table, tous les
gens de sa maison. Muller se trouva compris dans cette
réquisition; et l'heure du dîner venue, il était dans la
salle à manger, la serviette sur le bras. Le grand nombre des convives présents empêcha sans doute Muller
de les remarquer chacun en particulier, car une bonne
partie du dîner se passa sans qu'il montrât aucun
trouble; mais au moment du second service, comme
il allait poser un plat sur la table, un des officiers
généraux étrangers se tourne un peu pour faire place
à Muller, et pousse un cri de surprise en le reconnais-
sant. Muller, à son tour, regarde l'officier général,
pâlit comme lui, s'épouvante comme lui. Dans sa
surprise, il laisse échapper le plat qu'il tenait dans ses
mains, et quitte la salle à manger dans un trouble qui
frappe d'étonnement tous les convives.

Tout cela avait été si rapide, qu'on ne s'expliqua
pas d'abord si c'était le trouble qui avait causé la
maladresse, ou la maladresse qui avait causé le trouble,
et le dîner continua sans que Muller reparût. Cependant le général avait trop bien remarqué que l'officier
autrichien et le cocher devaient se connaître depuis
longtemps; il avait remarqué de même que leur étonnement ne pouvait être celui d'un maître qui retrouve
simplement son ancien domestique, ou celui d'un

domestique qui retrouve, de même, un ancien maître. Une émotion singulière, une terreur profonde s'étaient montrées dans les traits de ces deux hommes, quand ils s'étaient trouvés face à face, et la préoccupation de l'officier autrichien pendant la fin du dîner n'avait pas échappé au général. Si la guerre eût existé alors entre la France et l'Autriche, le général eût pu penser que ce Muller, dont les manières annonçaient autre chose qu'un cocher, était un espion, que l'espoir d'une forte récompense avait déterminé à jouer ce rôle; mais dans l'état des choses, cette supposition n'avait nulle vraisemblance, et il était plus raisonnable de penser que ce cocher, qui se cachait avec tant de soin, avait sans doute servi autrefois l'officier général, qu'il avait reconnu, et dans la maison duquel il s'était probablement rendu coupable de quelque action dont la révélation l'alarmait. Bien que le général n'eût que des raisons d'être content du service de Muller, il voulut savoir s'il n'avait pas affaire à l'un de ces serviteurs hypocrites, qui emploient des années entières à obtenir la confiance de leur maître, pour pouvoir en abuser, ensuite, d'une manière plus profitable.

Le dîner achevé, le général chercha partout l'officier autrichien pour le questionner; mais l'officier avait disparu du salon comme le cocher de la salle à manger, et ni l'un ni l'autre ne parurent de toute la soirée. La nuit venue, le général, que cette double disparition intriguait, s'informa auprès des autres domestiques de ce qu'était devenu Muller; il apprit qu'aussitôt après sa maladresse à table, il s'était enfui à l'écurie dans une agitation extrême. Le général apprit encore qu'après le dîner, l'officier autrichien s'était enquis de Muller, qu'après avoir appris où il était, il avait été le rejoindre avec empressement, qu'ils étaient longtemps demeurés enfermés ensemble, qu'on avait entendu entre eux une conversation fort animée, et qu'enfin ils étaient sortis tous deux de l'hôtel et s'en étaient éloignés, en continuant cette conversation. Le général renvoya au lendemain pour éclaircir le secret de cette reconnaissance. Alors il apprit que Muller avait reparu dans son écurie et y pansait ses chevaux avec son impassibilité ordinaire. Le général, dont la curiosité était vivement excitée, y descendit aussitôt pour surprendre Muller et l'interroger à l'improviste; mais dès que celui-ci l'aperçut, il alla au-devant de son maître et lui présenta une lettre conçue à peu près en ces termes :

« Sur mon honneur, je réponds de la fidélité et de la bonne conduite du cocher Muller, et je serai fort obligé au comte C*** de ne pas chercher à connaître le secret de l'existence de cet homme.

« Le comte V... »

— Et si je voulais le connaître? dit le général à son cocher.

— Je serais forcé de quitter votre service, répondit celui-ci; je le ferais avec bien du regret, parce que je m'estime heureux d'être chez vous; mais je le ferais immédiatement.

La bonne conduite de cet homme, la recommandation de l'officier autrichien décidèrent le général à ne pas pousser ses questions plus loin. Muller demeura dans son écurie, et, au bout de quelques mois, cet événement fut complètement oublié. Probablement il se fût entièrement effacé de la mémoire du général, lorsqu'un accident terrible vint le lui rappeler.

Un matin que Muller conduisait ses chevaux à l'abreuvoir, il fut renversé par l'un d'eux, et rapporté à l'hôtel le crâne fracassé et dans un état qui ne laissait aucun espoir de le sauver.

En effet, il mourut le jour même de sa chute, sans avoir repris connaissance. Le lendemain, comme on allait procéder à son inhumation, le général chargea l'un de ses aides de camp de se rendre dans la chambre de Muller, de la visiter et de prendre note de tout ce qu'il y trouverait. Muller était un homme soigneux et rangé qui devait avoir fait quelques économies, qui en outre possédait une tabatière et une montre en or d'une grande valeur, et le général désirait qu'on recueillît tous ces objets afin de les faire parvenir à sa famille, s'il la découvrait. L'aide de camp se rendit donc dans la chambre de Muller pour exécuter les ordres du général; mais sa surprise fut grande lorsque, en ouvrant la malle du cocher, il y trouva un uniforme autrichien, des épaulettes de colonel, le brevet de ce grade, et les diplômes de plusieurs ordres; les insignes de ces ordres, dont plusieurs étaient garnis de diamants, étaient de même enfermés dans cette malle. L'aide de camp, qui ne connaissait point l'aventure du dîner, soupçonna d'abord que tous ces objets provenaient de soustractions faites par Muller. Mais lorsqu'il rendit compte au général de ce qu'il avait découvert, celui-ci se rappela l'événement que nous avons raconté plus haut, et voulut visiter lui-même les objets

trouvés dans la chambre de son cocher; il espérait
y découvrir quelques papiers qui éclairciraient ce mystère; mais il n'y trouva d'autre renseignement que
les brevets dont nous avons parlé et qui étaient tous
expédiés au nom du comte de V***. Du reste, aucune

Il y trouva un uniforme autrichien (p. 102).

correspondance, aucun acte qui pût établir ce qu'il y
avait de commun entre le cocher Muller et le comte
de V***, colonel au service de l'Autriche. Il fallait
encore s'en tenir aux conjectures, et plusieurs semaines
s'étaient passées sans que le général eût rien appris de
nouveau sur cet homme étrange, lorsqu'un jour il vit

entrer chez lui l'officier général qui avait reconnu Muller d'une manière si extraordinaire, et qui depuis n'avait pas reparu à Raguse, bien qu'il demeurât dans les environs.

Le hasard de la conversation lui avait appris la mort du cocher du général, et il se présentait pour réclamer les papiers qui avaient pu être trouvés chez Muller. Le nom de cet officier et la considération dont il jouissait étaient suffisants pour ne pas faire douter des droits qu'il avait à cet héritage, du moment qu'il le réclamait; cependant le général crut devoir lui demander quelques explications, et l'officier lui répondit aussitôt :

— Je vous apprendrai d'autant plus volontiers ce que vous voulez savoir, que vous vous en êtes fié à une simple attestation de moi pour garder chez vous le malheureux Muller, malgré le mystère qui l'entourait. Cet uniforme, ces épaulettes, ces décorations lui appartenaient à juste titre; il les avait bravement gagnés comme soldat. Une faute les lui a fait perdre, mais il l'a si noblement expiée, que je crois bien plutôt rendre hommage à sa mémoire en vous la révélant, qu'en vous laissant des doutes que vous ne pourriez vous expliquer.

« Muller n'est autre que le comte de V***, mon frère aîné. Son histoire n'a d'extraordinaire que ce que vous en connaissez. Bien jeune, il avait conquis le grade et les distinctions dont vous venez de découvrir les titres, et sa fortune militaire avait été si rapide, qu'elle faisait espérer à mon père qu'il arriverait aux plus hautes charges de l'État. Un événement, comme il s'en rencontre si souvent dans le monde, détruisit toutes ces espérances. Mon frère, blessé dans un combat où il s'était distingué, fut forcé, pour sa guérison, d'aller prendre les eaux de Carlsbad. Il s'y trouva en même temps qu'un grand nombre de nos compatriotes, possesseurs d'immenses fortunes. Vous savez jusqu'à quel point la fureur du jeu est poussée dans ces rendez-vous où chacun vient plutôt pour étaler son luxe que pour y recouvrer la santé. Mon frère oublia trop aisément qu'il ne possédait que les appointements d'un colonel, il se mêla à ces parties de jeu où ses partenaires apportaient beaucoup plus d'argent que lui et assurément moins de bonne foi. En peu de temps, il se trouva ruiné et criblé de cette espèce de dettes que l'on a l'habitude de nommer dettes d'honneur et qui, cependant, sont, de toutes, les moins honorables. Si mon frère eût été moins jeune, peut-être ne se serait-il pas épouvanté autant qu'il le fit de la nécessité d'acquitter ses dettes en quelques jours, et peut-être, pour réparer une faute, n'eût-il pas été poussé à commettre un crime. Dans le désespoir où il était, la raison perdue, s'imaginant qu'il ne pouvait plus se montrer en public avant d'avoir acquitté les pertes qu'il avait faites, il eut recours à un moyen coupable pour satisfaire ses créanciers. Il contrefit la signature de notre père, qui avait alors un grand crédit en Allemagne; il l'escompta et fut bientôt libéré. Mais à peine eut-il commis ce crime, qu'il en prévit toutes les conséquences; sa tête se perdit et, profitant d'un congé de convalescence qu'il avait obtenu, il quitta l'Allemagne.

« Mon père était loin de soupçonner tout ce qui s'était passé; et lorsque les lettres de change qu'on avait tirées sur lui, et qu'il était censé avoir acceptées, lui furent présentées, il ne reconnut point sa signature et fit poursuivre comme faussaires ceux qui en étaient porteurs. En remontant de main en main, on retrouva bientôt celle d'où ces lettres de change étaient parties, et vous devez juger du désespoir de mon père quand il apprit que c'était son fils qui avait commis le crime, et que lui, son père, le déshonorait publiquement, par l'enquête rigoureuse qu'il avait ordonnée. Malgré sa colère, mon père sacrifia toute sa fortune à l'acquittement de ces fausses lettres de change; et lorsqu'il apprit les circonstances qui avaient entraîné mon malheureux frère, il était disposé à lui pardonner. Mais toutes nos recherches pour le découvrir furent inutiles. Des avis insérés dans les journaux annoncèrent vainement que c'était par erreur que le vieux comte V*** avait d'abord méconnu sa signature, que l'accusation de faux qu'il avait portée ne tenait qu'à un malentendu, et que toutes les sommes tirées sur lui avaient été acquittées : cette manière indirecte de prévenir mon frère que son honneur était à couvert de tous soupçons, et qu'il pouvait reparaître, n'eut aucun succès, et nous eûmes la conviction, sinon la certitude, que dans son désespoir il avait mis fin à ses jours.

« Vous vous rappelez mon étonnement, lorsque je le reconnus servant à votre table; il ne fut pas plus que moi maître de sa surprise; et après le dîner je me hâtai d'aller le trouver. J'étais résolu à le faire rentrer dans ma famille. L'idée qu'il s'était tué pour se soustraire au déshonneur avait depuis longtemps apaisé l'indignation de mon père, et sans doute la connaissance que je lui aurais apportée du châtiment que mon frère s'était imposé lui eût rendu encore le pardon plus facile; mais mon frère fut sourd à mes prières, il demeura inébranlable dans sa résolution, il me répondit qu'il ne reprendrait jamais un nom qu'il s'était montré indigne de porter. Tout ce que je tentai échoua contre sa volonté, et il me fit promettre, non seulement de ne rien vous dire de son secret, mais encore de cacher son existence à notre malheureux père, pour ne pas lui faire un nouveau désespoir d'une douleur que le temps avait sans doute calmée. Je cédai aux désirs de mon frère, et le récit que je vous fais aujourd'hui n'a d'autre but que de prévenir les recherches que vous eussiez pu faire, et qui eussent sans doute amené des explications qui seraient arrivées jusqu'à mon père et eussent troublé le repos de sa vieillesse. »

Voilà, mes enfants, cette histoire, comme elle m'a été racontée. Sans doute elle n'a rien de l'intérêt que savent mettre, dans leurs récits, les hommes qui d'ordinaire écrivent pour vous instruire; mais, si elle manque de ce mérite, elle a celui d'être vraie, et c'est en cela qu'elle doit vous être une grande leçon.

Il nous eût été facile d'y ajouter de bizarres incidents, et peut-être eussions-nous dû vous représenter le désespoir de ce père au moment où il découvre la faute de son fils, au moment, surtout, où il reconnaît que ce sont ses propres poursuites qui vont le livrer à la honte. Si nous ne l'avons pas fait, c'est que nous avons voulu que ce récit vous arrivât comme il nous était arrivé; c'est qu'il nous a semblé que la vérité porte en soi une puissance d'enseignement à laquelle aucune invention n'a le droit de prétendre. Voyez, mes amis, où peut conduire la funeste passion du jeu; à commettre le plus honteux des crimes, à se rendre coupable d'un faux... le faux qui déshonore toute une famille.

Une Reine de seize ans

Une Reine de seize ans

Le jour commençait à pénétrer dans une chambre basse d'une maison située dans la rue de Guild-Hall. Aussi entendait-on la voix grondeuse d'un homme qui, du haut de l'échelle qui conduisait à l'étage supérieur, excitait la lenteur de quatre ou cinq valets en train de faire leur toilette. Comme ils finissaient de s'habiller, celui qui semblait leur maître descendit. Un des valets lui présenta une hache qu'il examina avec soin. Il promena ses regards autour de lui, et demanda brusquement où était maître Fayry. Celui-ci entra aussitôt, se plaça en face de son maître; comme lui, il portait une hache resplendissante; il s'était posé comme quelqu'un qui s'offre à l'examen d'un supérieur et d'un connaisseur à la fois, mais cependant avec la confiance d'un homme sûr de lui-même. Après l'avoir attentivement considéré, le maître lui dit avec un signe de satisfaction :

— C'est bien, Fayry, la tenue est bonne, mais ce n'est rien, mon garçon; songe à ce qu'il te reste à faire·
J'espère que tu dois être content d'avoir quitté Edim

bourg pour Londres, et d'avoir changé la peau tannée et coriace de tes lairds écossais pour la fine peau de nos seigneurs d'Angleterre?

— Je vous remercie, maître Jack, répondit le jeune homme; vous m'avez tenu plus que vous ne m'aviez promis.

— Et ce n'est pas la coutume dans ton pays, n'est-ce pas? Mais je veux être franc; assurément quoique je désire t'avancer parce que tu m'es recommandé par lord Muray, je ne t'aurais pas cédé l'exécution d'aujourd'hui à Tyburn si je n'avais eu affaire à la Tour. Sais-tu que c'est drôle, le même jour, sur le même billot, le grand-père, le père et le mari d'une reine; ça ne se rencontre pas comme un pou sur la tête d'un juif.

— Pardieu! répondit Fayry, vous avez encore la belle part; vous avez gardé la reine.

— Bah! répliqua maître Jack, avec une légère insouciance, une enfant de dix-sept ans qui sera morte avant que je la touche. Si ce n'était la vanité du sang royal, je m'en soucierais comme d'un pot de petite bière.

— Mais dites-moi donc pourquoi on la sépare ainsi de sa famille, et pourquoi son arrêt sera exécuté dans l'intérieur de la Tour?

— Ils ont peur que sa jeunesse et sa beauté n'intéressent le peuple.

— Pourquoi donc, si elle est coupable, dit Fayry, le peuple s'intéresserait-il à elle?

— Parce qu'il y en a beaucoup qui croient que ses droits valent mieux que ceux de Marie Tudor, notre reine, et qu'il y en a aussi qui pensent que, lors même que ses droits ne seraient préférables, elle ne doit pas être punie de l'ambition de son grand-père, qui seul l'a mise en avant et l'a fait proclamer reine à son insu.

— Du diable, si j'y comprends rien, reprit Fayry; il me semble à moi que, si lady Jane Grey a des droits au trône d'Angleterre, notre reine à nous, la belle Marie Stuart, en a de tout aussi fondés.

— Ce sont absolument les mêmes, répliqua maître Jack, avec cette différence que Marie Stuart, fille d'un roi étranger, est étrangère, tandis que Jane est de pur sang anglais.

— C'est une histoire embrouillée comme l'écheveau d'une fileuse irlandaise, reprit Fayry; et je ne veux pas me casser la tête pour la comprendre, je chargerai ma hache de l'éclaircir pour moi et pour la reine Marie Tudor.

— Oh! voilà bien parler en rustre écossais, s'écria Jack avec mépris, en brutal qui frappe au hasard sans savoir pourquoi.

— Eh bien! puisque nous avons une heure devant nous, expliquez-moi donc pourquoi lady Jane a été condamnée par le Parlement qui l'avait reconnue.

— Écoute donc, dit maître Jack, et vous aussi, mes drôles, pour vous bien persuader que le sceptre des rois est comme la hache du bourreau : on n'y touche qu'à deux conditions, ou pour en frapper ou pour en mourir. Lorsque notre saint roi Henri VIII mourut, il laissa trois enfants : notre gracieux souverain Édouard VI, qui est mort il y a six mois et ses deux sœurs, Marie notre reine et la princesse Élisabeth. La première est fille de Catherine d'Aragon et la seconde d'Anne de Boleyn que j'ai eu l'honneur de décapiter de ma propre main. Sans aucun doute, elles auraient dû succéder à leur frère Édouard, Marie d'abord, Élisabeth ensuite; mais il est arrivé que le roi Henri VIII leur père, en faisant casser ses mariages par le Parlement, les avait toutes deux déclarées illégitimes et incapables de lui succéder. Ainsi, vous voyez, le trône manquait d'héritier, après la mort d'Édouard.

— C'est tout simple, dit Fayry; mais je ne vois pas comment cela donne des droits à lady Jane et à notre reine Marie Stuart.

— C'est pourtant bien simple, reprit maître Jack. Si Henri VIII était mort sans enfants, ou bien si ses enfants étaient morts ou avaient été déclarés illégitimes, comme cela est arrivé, à qui serait revenu le trône?

— Eh! pardieu! reprit Fayry, à Marguerite d'Angleterre, la sœur aînée du roi Henri.

— Et ensuite, ajouta Jack, à Marie d'Angleterre, sa sœur cadette, n'est-il pas vrai?

— Eh bien! dit Fayry...

— Eh bien! dit Jack, qui est-ce qui représente les droits de Marguerite, sœur de Henri VIII?

— Parbleu! s'écria Fayry enchanté de cette découverte, c'est notre reine Marie Stuart, sa petite-fille, puisque Marguerite épousa Jacques IV, notre roi et en eut Jacques V, qui est le père de notre Marie. C'est donc Marie Stuart qui est la vraie reine d'Angleterre, puisqu'elle descend de la sœur aînée d'Henri VIII.

— Doucement, reprit Jack; elle a été déclarée étrangère comme fille d'Écossais, tandis que lady Jane, petite-fille de Marie, sœur cadette de Henri VIII, est de pur sang anglais.

— Comment cela se fait-il? répliqua Fayry; la princesse Marie a été mariée à Louis XII, roi de France.

— Sans doute, continua Jack, mais elle est devenue veuve, est rentrée en Angleterre et y a épousé le duc Suffolk que tu as aujourd'hui dans ta fournée; de ce mariage naquit une fille qui a épousé lord Henri

— Cette salle est sourde? m'a-t-elle dit (p. 118).

Grey, qui t'appartient aussi, et de ce nouveau mariage est née lady Jane Grey, qui me revient, et qui est la femme du jeune Dudley, que je te recommande particulièrement.

— A ce compte, reprit Fayry, et si la qualité d'étrangère doit définitivement exclure Marie Stuart du trône d'Angleterre, les droits de lady Jane me semblent incontestables.

— Doucement! doucement! s'écria de nouveau maître Jack. Voici la question : pendant que les par-

tisans de lady Jane la proclamaient reine, la fille
aînée de Henri VIII, Marie Tudor, a fait comprendre
au Parlement que l'acte qui la déclarait illégitime
était une iniquité épouvantable; on l'a reconnue
propre à succéder à son père, et, quarante mille hommes d'armes aidant sa logique, elle a prouvé qu'elle
avait raison, et que lady Jane était une coupable
usurpatrice.

— Et c'est pour cela qu'on la tue? dit Fayry.

— Pour cela; quoique ce soit ce vieux duc qui ait
tout fait, jusqu'à la déclaration d'Édouard VI, qui
désignait lady Jane pour son héritière.

— N'y en avait-il pas aussi une de Henri VIII en
faveur de Marie Stuart, dans le cas où son fils Édouard
mourrait sans enfants?

— C'est vrai; mais qu'elle regarde un peu où pareil
titre a mené lady Grey et qu'elle reste dans sa pauvre
Écosse, sinon...

— Bah! s'écria Fayry, profitez de l'occasion. Vous
n'en trouverez pas une pareille; on ne rencontre pas
toujours sur le trône des reines qui prennent plaisir
à tuer leurs rivales et leurs parentes.

A ces mots, ils se séparèrent; trois valets suivirent
Fayry à Tyburn, un seul accompagna maître Jack
à la Tour.

Le soir vint, Fayry, rentra le premier; il était ferme
et dégagé, il avait l'air content de lui; il appela tout
haut maître Jack en arrivant, et fut étonné d'apprendre
qu'il n'était pas rentré; il plaisanta sur sa longue
absence, disant qu'il était urgent de le remplacer et
qu'il devenait lent et paresseux. Pendant ce temps,
la table se dressait et le souper fumait dans une im-

mense marmite. Au milieu des propos joyeux de Fayry et des autres valets, la porte s'ouvre et maître Jack se présente; il était pâle, défait, anéanti, son valet tremblait derrière lui. Dès qu'il eut passé le seuil de la porte, il tira de dessous son manteau sa lourde hache, l'éleva au-dessus de sa tête et la lança de toute sa force prodigieuse sur le mur qui lui faisait face; la hache y pénétra profondément et le manche brandit longtemps comme tenu par une main convulsive.

— Exécration! s'écria-t-il, ce que j'ai fait est infâme!

Le silence remplaça la gaîté; on s'approcha, on voulut s'informer; mais il ne répondit pas et se prit à répéter en prenant sa tête dans ses mains :

— Miséricorde du ciel, c'est infâme, infâme, infâme!!!

Puis il prit une cruche de bière, la but d'un seul trait et dit brutalement :

— Soupons.

On s'assit; on le considérait avec une curiosité qui se brisait contre la sombre expression de son visage.

D'abord il mangea goulûment, avec colère, il but de même : puis il s'arrêta, son assiette resta pleine, son verre vide; il appuya sa tête sur sa main, ses traits s'amollirent peu à peu et Fayry se hasarda à dire :

— Eh bien! maître, qu'avez-vous?

— Fayry, lui répondit-il, d'une voix émue, c'est infâme, te dis-je! C'est infâme! Imagine-toi que je suis arrivé dans la prison; on m'a introduit dans la salle où l'exécution devait avoir lieu, le billot était prêt et trois gardes veillaient à chaque porte.

A peine étions-nous arrivés qu'une femme s'est présentée, c'était la princesse Élisabeth.

— La princesse Élisabeth ! s'écria Fayry.

— Elle-même, que sa sœur Marie Tudor tient enfermée à la Tour depuis la conspiration de Wyatt, quoiqu'on n'ait rien trouvé qui l'accusât.

— Elle venait peut-être considérer le sort qui la menace.

— Je ne sais, reprit maître Jack, mais elle a longtemps mesuré la salle de l'œil; elle s'est approchée de moi, elle m'a examiné avec attention; puis elle a frappé du pied sur les dalles de pierre.

« — Cette salle est sourde? m'a-t-elle dit.

« — Les cris d'un enfant, lui ai-je répondu, n'y viendraient pas aux oreilles d'une mère.

« — Et le sang se lave aisément sur ces dalles ? a-t-elle ajouté.

« — Quelques pintes d'eau, et il n'y paraît plus. »

Elle a souri; puis, oubliant tout ce qui l'entourait, elle a appuyé sa main sur le billot, et s'est perdue dans ses réflexions. Peu à peu, elles l'ont gagnée à ce point qu'elle parlait tout bas, mais je n'ai pu entendre que cette parole qu'elle a dite en frappant le billot :

« — Après tout, c'est peut-être la meilleure base du trône. »

Aussitôt elle a ordonné à un soldat de la conduire dans l'appartement de Jane Grey, et elle est sortie. L'entretien a duré longtemps, car ce n'est qu'une heure après qu'un officier de la Tour est venu nous dire de nous tenir prêts. Presque aussitôt lady Jane Grey a paru.

J'avais entendu beaucoup parler de sa beauté; et

— Je ne saurais dire que cette lettre est coupable... (p. 121).

je ne me serais jamais figuré une si jeune femme, et si noble et si fière. Deux prêtres de l'Église romaine l'accompagnaient : l'un d'eux qui, depuis trois jours, lui avait été envoyé par la reine, afin de la préparer à la mort et de la ramener à la foi catholique, n'ayant pu réussir à la persuader par ses paroles, il l'a maudite et vouée aux enfers. Tous les assistants frémissaient; elle seule, calme et résignée, n'a pas semblé l'avoir entendu. Elle a souri et s'est retirée vers un officier; elle a tiré une lettre de son sein.

« — Monsieur, lui a-t-elle dit, voulez-vous remettre cet adieu à ma sœur?

« — Madame, a répondu l'officier, je lui donnerai cette lettre quoi qu'elle puisse contenir, et malgré la défense de la reine Marie de laisser sortir aucun écrit tracé par vous dans cette prison.

— « Vous pouvez lire cette lettre, » a répondu lady Jane.

L'officier l'a ouverte et a paru d'abord fort embarrassé.

« — Y trouvez-vous quelque chose de coupable, a dit lady Grey, et l'adieu d'une sœur à sa sœur vous paraît-il redoutable à l'autorité de votre reine?

« — Ce n'est pas cela, a répondu l'officier en balbutiant, je ne saurais dire que cette lettre est coupable, car elle est écrite en caractères que je ne connais pas.

« — Oui, a dit tristement lady Grey, c'est un dernier hommage à mon culte, un adieu à mes douces occupations; oui, j'ai écrit cette lettre dans une langue étrangère, dans une langue éteinte et morte comme je serai bientôt. C'est celle de la belle Grèce, qui célèbre ses jeunes filles couronnées pour être belles; c'est celle où j'ai appris le sacrifice d'Iphigénie, tuée sur l'autel où s'est élevée l'ambition de son père. Eh bien, monsieur, appelez sir Thomas, évêque de notre église d'Angleterre, enfermé dans cette prison, il vous lira cette lettre. »

Un garde alla chercher sir Thomas. Pendant ce temps, lady Jane Grey s'est promenée lentement dans la chambre, puis elle s'est arrêtée tout à coup, comme entrait le lieutenant de la Tour.

« — Eh bien ! s'est-elle écriée, eh bien ! monsieur. »

Elle n'a pas été plus loin, car le lieutenant semblait l'avoir comprise. Il lui a répondu :

« — Tout est fini, madame.

« — Tout, a-t-elle répété ; puis elle a ajouté en le regardant doucement, ils sont morts...

« — Comme des héros, a dit le lieutenant.

« — Le duc, a dit Jane Grey, avec hauteur et dédain? mon père, calme et résigné? et Dudley?

« — Dudley, en souriant et montrant le ciel.

« — J'y vais, j'y vais, s'est écriée lady Jane en tombant à genoux, j'y vais, mon Dudley. »

— C'est vrai qu'ils sont morts comme trois braves Anglais, dit Fayry d'une voix émue, et puis après?

« — Sir Thomas est arrivé, répondit Jack, il a pris la lettre et l'a lue tout haut en anglais. Miséricorde du ciel ! rien n'est si beau que cette lettre. La pauvre femme, elle plaint sa sœur; c'est elle qui meurt et qui encourage, c'est elle qui meurt et qui pardonne, c'est elle qui meurt et qui prie pour ceux qui la tuent.

C'est que, Fayry, c'était affreux de voir cette jeune femme, au milieu de nous tous, des soldats avec des cuirasses, un prêtre avec ses habits pontificaux, moi, des geôliers, un tas d'hommes durs qui pleuraient, tandis qu'elle était calme et tranquille.

— Et puis? s'écria Fayry.

— Et puis, comme on lui avait refusé une femme, pour la suivre, c'est moi qui ai détaché sa coiffe, moi qui ai coupé ses beaux cheveux. Sur mon âme, Fayry, je tremblais comme un enfant; elle m'a parlé avec bonté; j'ai senti que le cœur me manquait, et, lorsqu'elle a été prête, j'ai demandé trois fois ma hache sans savoir qu'elle était près de moi. Elle s'est arrêtée comme pour me donner le temps de me remettre, et s'est dit à elle-même :

« — Béni soit Dieu, il vaut mieux mourir que tuer. »

Puis elle s'est mise à genoux. J'ai mesuré la place et j'ai frappé, mais comme un lâche, en fermant les yeux, — et la tête...

— Est tombée? dit Fayry.

— Non, dit Jack. J'ai eu peur; et ce cou d'enfant, souple et faible comme un cou de cygne, n'a pas été tranché par cette hache qui a nettement abattu la tête du fameux Gifford, dit le cou de taureau... Il m'a fallu recommencer. Exécration! C'est infâme de tuer une si belle créature. Je me suis presque trouvé mal; et, lorsque nous avons été seuls à laver le sang et à renfermer le billot, la princesse Élisabeth est rentrée; elle s'est arrêtée sur le seuil, a regardé dans la salle et nous a dit :

— Bien, il n'y paraît plus.

Écoute, Fayry : si, comme on le dit, la reine Marie Tudor est malade et menacée de mort, et que sa sœur

Élisabeth fasse, à son tour, casser la déclaration de son illégitimité et lui succède au trône, il y aura du sang versé sur ce même billot et dans cette même chambre, du sang royal, s'il le faut, le sang d'une femme, peut-être; mais, je te le jure, je m'abattrai plutôt la main que de recommencer un si terrible devoir.

— Vous me céderez donc la place? dit Fayry.

— Oui, s'écria Jack, et puisses-tu ne pas déshonorer ton état comme je l'ai fait aujourd'hui.

Vingt ans plus tard, quand Élisabeth fit exécuter Marie Stuart, Fayry, le bourreau, fut obligé aussi de s'y reprendre à deux fois.

TABLE DES MATIÈRES

Paris. — Imp. Paul Dupont (Cl.). — 5.3.21

www.ingramcontent.com/pod-product-compliance
Lightning Source LLC
LaVergne TN
LVHW021847170726
843503LV00003B/1103